「KBS 도전 골든벨」에서 두 명이 동시에 골든벨을 울린 학교. 평범한 학생이 입학하여 특별한 학생으로 졸업하는 학교. 대한민국 100대 교육과정 최우수고등학교 선정학교. 대전인문계 고등학교 중 유일의 영재학급 운영학교. 카이스트 과학영재교육원 협력학교. 자기주도학습을 완벽하게 구현한 학교. 모든 학생이 플래너를 사용하는 학교. 서울대입학사정관이 놀란 학교. 100% 학생 자율선택제 방과 후 학교 운영. 창의체험동아리 40개, 진로탐색활동 동아리 20개, 예체능 동아리 20개 운영학교. 전교생 100% 기숙사 운영학교. 매일 아침 20분 플래닝 시간. 매주 금요일 9교시 주간피드백시간 운영학교. 입학식과 졸업식을 학생들이 전부 진행하는 학생중심학교. 대전지역 학부모가 가장 기대하는 자율형사립고.

글로벌 리더 인재양성과 자기주도학습

학교혁명 **대전대신고** 이야기

초판1쇄 인쇄_ 2012년 9월 10일
    1쇄 발행_ 2012년 9월 18일

지은이_ 이강년 · 박영진 · 고봉익
펴낸이_ 김영선
기획 · 교정 · 교열_ 이교숙
펴낸곳_ (주)다빈치하우스
디자인_ 손소정, 손수영

주소_ 서울시 마포구 합정동 362-5 조현빌딩 2층(우 121-884)
대표전화_ 02)323-7234
팩시밀리_ 02)323-0253
홈페이지_ www.mfbook.co.kr
이메일_ urimodus@naver.com
출판등록번호_ 제 2-2767호

값 15,000원
ISBN 978-89-91907-45-4 (03370)

이 도서의 국립중앙도서관 출판시도서목록(CIP)은 e-CIP 홈페이지(http://www.nl.go.kr/ecip)와
국가자료공동목록시스템(http://www.nl.go.kr/kolisnet)에서
이용하실 수 있습니다.(CIP제어번호: CIP2012004130)

학교혁명

대전대신고이야기

글로벌 리더 인재양성과 자기주도학습

이강년 · 박영진 · 고봉익 지음

지역의 명문을 넘어 한국의 명문학교로 도약

올해 3월 제가 원장으로 있는 KAIST 과학영재교육원과 대전대신고등학교가 영재교육과 관련된 협약식을 개최하였습니다. 대전대신고등학교는 대전지역 인문계고 중 유일하게 영재학급을 운영하고 있을 뿐만 아니라, 수학 · 과학 · 발명 · 인문의 4개 과정이 설치되어 있는 영재교육원입니다. 이번 협약을 통해 두 기관은 영재교육 전문성 향상을 위한 인적 교류와 자료 공유, 영재교육 국제 추세와 방향 탐색을 위한 업무 협의 등을 진행하게 됩니다.

이미 대전대신고등학교는 지역의 명문을 넘어 한국의 명문학교로 도약하였습니다. 몇 년 전 신문에서 고교별 파워 엘리트 배출 순위를 발표한 적이 있는데, 70년대생의 경우 대전대신고등학교가 전국 45위에 이름을 올렸습니다.

또한 신문과 방송을 통해 학력신장 최우수학교로 선정되었다거나 교육과정 최우수학교에 선정되었다는 등의 뉴스를 자주 접합니다. 얼마 전에도 「KBS 도전골든벨」에서 두 명의 학생이 동시에 골든벨을 울리는 장면을 보았습니다.

지금 대전대신고등학교는 글로벌 시대가 요구하는 행복한 학교를 만들겠다는 의지로 끊임없이 변화의 노력을 하고 있습니다. 한국의 명문학교를 벤치마킹하는 것을 넘어서 외국의 유수한 학교를 방문하여 그들의 노하우를 배우고 있으며, 수시로 교육 전문가를 초청하여 교사연수를 진행하고 있습니다. 더 나아가 올해는 자율형 사립학교를 신청하여 많은 사람들을 놀라게 하였습니다. 그러나 이는 단순히 성적이 좋은 학생들을 선발하고 소위 명문대학에 학생들을 많이 보내겠다는 것이 아닙니다. 제가 만나 본 대전대신고등학교의 이사장님과 교장 선생님 그리고 교사들은 앞으로 20년 뒤, 시대가 요구하는 인재를 어떻게 길러낼 것인가를 고민하고 있었습니다. 그러한 깊은 고민 끝에 자율형 사립학교라는 참으로 어려운 선택을 한 것 같습니다.

이 책은 바로 그러한 변화를 위한 몸부림을 보여주는 것입니다. 다만 이 한 권의 책에서 그 모든 노력과 열정을 모두 보여주지 못하는 것 같아 아쉽습니다. 그리고 매년 변화되어 발전하는 대전대신고등학교의 내일이 기대됩니다.

대전 카이스트 과학영재교육원장 이광형

교육을 바꾸어 가는 커다란 흐름이 되기를

"우리 학생들은 모두 다 세상의 어느 것과도 바꿀 수 없는 보석같이 귀한 존재들입니다."

우리는 학생들에게 학교 교육을 통해서 지식뿐만 아니라, 인간의 존귀함과 소중함을 가르치고, 서로 도우면서 이 세상을 살아갈 수 있는 방법을 익히게 합니다. 그러면 학생들은 서로 경쟁자가 아니라, 부족한 것을 채워주고 더불어 살아가는 동반자들이라는 것을 깨닫게 됩니다.

지금까지 학교 교육이 대학입시 중심으로 치달아 온 것은 매우 안타까운 일이 아닐 수 없습니다. 미래사회를 이끌어갈 글로벌 리더는 교양을 갖춘 교양인이면서 주어진 문제 해결을 위해 창의력을 발휘하는 사람, 이웃과 더불어 살아가는 공동체 의식을 갖춘 사람, 다른 사람들을 위해서 자신을 헌신할 수 있는 사람이어야 합니다.

이에 대전대신고등학교에서는 글로벌 리더를 기르기 위해 선생님들이 앞서 모범을 보이고 있습니다. 학생들을 교육할 때 한 사람 한 사람을 배려하고 진심으로 사랑하면서 자존감을 갖도록 존중하고, 학생들이 스스로 자신의 목표나 꿈(vision)을 가질 수 있도록 장점을 찾아서 격려하며, 그 꿈을 이룰 때까지 포기하지 않고 지도하면서 조언하고 있습니다.

이런 '학교혁신'의 과정을 책으로 엮었습니다. 시간이 갈수록 좋은 결실을 맺고, 동행하는 분들이 늘면서 대한민국의 교육을 바꾸어 가는 커다란 흐름이 되기를 기대해 봅니다.

2012년 가을에

대전대신고등학교장　박영진

꿈을 현실로 바꾼 학교

아직은 입김이 나올 만한 3월의 이른 아침, 개학 첫날.

조금 이른 시간에 학교에 들렀다. 이미 익숙해진 대전대신고의 정문을 지나, 이른바 '철학자의 길'로 불리는 오르막길을 걸어 올라갔다. 올 때마다 느끼지만, 정말 이 길이 좋다. 울창한 나무가 좌우로 늘어서, 심신이 편안해지고 고요해짐을 느낀다. 아마 이 길을 통해 등교하는 대전대신고 학생들에게도 편안한 쉼을 주는 길일 것이다.

몇 해 동안, 대전대신고의 '학교혁신'을 위해 함께 달려온 시간들이 파노라마처럼 지나간다. 쉽지 않았다. 그 모든 과정은 '학교혁신'을 넘어 '학교혁명'에 가까운 노력이었기 때문이다.

따뜻한 커피 한 잔을 마신 시간은 아침 8시. 바로 그때 스피커를 통해 학교 전체에 잔잔하게 음악이 흐른다. 커피 잔을 내려놓고 복도를 지나 교실 창문을 살며시 들여다보았다. 모든 학생이 책상 안에서 같은 색깔의 책 한 권을 꺼내 뭔가를 적기 시작한다. 교실 분위기는 차분하였고 학생들 중 누구도 무엇을 해야 할지 모르는 표정을 짓는 사람은 없었다. 매우 익숙한 듯이 고민하면서 적는 모습을 보고 있자니 머릿속에 한 가지 장면이 겹친다.

스웨덴 푸트름 학교의 '플래닝 시간' 모습이다. 아침 수업 전, 하루의 공부계획을 스스로 세우는 바로 그 모습을 나는 지금, 대한민국 어느 고등학교의 아침 시간에 두 눈으로 목격하고 있는 것이다. 상상 속의 모습이 아니라, 바로 지금 현재 진행되는 리얼스토리다.

이 책은 바로 그 이야기이다. 대한민국 공교육에 희망의 소식을 전하는 한 통의 편지이다. 대전 변두리의 한 고등학교에서, 바로 지금 2012년 현재 진행되고 있는 학생들의 이야기이다. 도대체 이 학교 학생들은 어떤 교육을, 어떻게 지도받은 것일까? 그리고 어떤 과정을 거쳤기에 학생들은 이런 변화된 모습을 보여주게 되었을까? 독자들의 바로 이런 궁금증을 따라 하나씩 풀어보려 한다.

대전대신고등학교는 그야말로 '학교혁명'을 만들어 냈다. 그 과정에서 익숙함과 결별하고 혁신을 받아들이며 함께 달려온 대전대신고 모든 교사들에게 감사하지 않을 수 없다. 특히 흔들림 없는 철학으로 정신적 버팀목이 되어주신 이사장님, 그리고 교장선생님과 교감선생님께 박수를 드린다. 아울러 혁신의 중심에서 거대한 책임감을 온몸으로 받아들인 김종진 교사를 비롯한 대전대신고 테스크포스 팀 교사들에게 가슴에서 우러나오는 존경을 표한다.

2012년 9월
고봉익

Contents

눈을 비비고
다시 보다

01

「KBS 도전 골든벨」 83대, 84대 골든벨을 동시에 울린 김덕호, 서문규 군

골든벨 역사 뒤집기

"두 학생이 같은 답을
썼습니다. 만약 정답
'칼레'가 맞다면, 도전
골든벨의 13년 역사를
다시 한 번 쓰게 될 대
사건입니다. 바로 두 명이 동시에 골든벨을 울리게 되는 것입니다."
텔레비전 화면에 긴장된 표정의 두 학생이 화이트보드를 들고 있다.
교장 선생님이 화면에 나와 정답을 발표한다.

"정답은…… 칼레입니다!"
그 다음 장면은 우리 모두가 상상하는 그대로다. 골든벨이 울리고 전
교생이 뛰어 나와 얼싸안고 환호한다. 골든벨의 역사를 다시 쓴 대전
대신고의 김덕호, 서문규 학생! 한 회 방송에서 83대, 84대 골든벨이
동시에 탄생한 것이다.
골든벨을 방송으로 시청하던 사람들은 다소 생소한 학교 이름에 고개
를 갸웃거렸다.
"대전대신고? 명문고인가? 처음 듣는데……."
하지만 대전 지역 주민들은 잘 알고 있었다. 최근 몇 년 사이 이 학교
에 대한 소문이 무섭게 퍼지고 있었던 것이다. 바로 그 학교가 오늘
골든벨에 나온 것이다.

'대신고, 진짜 소문대로 뭔가 다르긴 다르구나!'

강남에서의 질투

도대체 뭐가 다른 것일까, 최근 대전에서 어떤 일이 벌어진 것일까?
대전대신고는 도대체 어떤 학교일까?
대전역에서 택시를 타고 대전대신고를 가자고 하면, 택시는 허름한
주택가의 한 고물상 담벼락 앞에서 차를 멈추고 내려준다.
"손님, 이 계단을 쭉 따라 올라가시면 대전대신고입니다."

대전대신고는 대전 서쪽 끝자락에 있는데, 대전에서도 가장 낙후된
지역으로 꼽히는 곳이다. 그래서 사교육 환경이 좋은 대전 둔산지구
의 중학생들과는 성적 차이가 크게 난다고 한다.
"서울로 치면 둔산이 강남이고, 이 동네는 강북이죠."

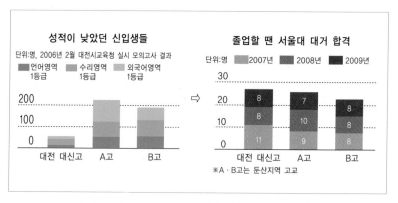

사교육 꿈 못 꾸는 변두리 고교 명문대 대거 합격. 유쾌한 반란(중앙일보. 2009. 03. 18.)

택시 기사의 말이다.

대전대신고가 유명해진 것은 바로 이 때문이다. 낙후된 지역의 학생들이 입학하지만, 졸업할 무렵이면 대전 최상위 수준으로 성적이 올라간다는 것이다. 믿기 어렵겠지만 사실이다. 대전대신고는 대전시교육청이 인정한 '학력신장 최우수학교'로 이미 지정되었다.

2006년 신입생들의 첫 모의고사 성적을 학교별로 비교해 보았다.

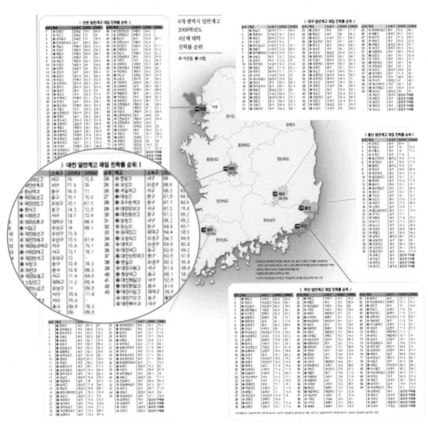

6개 광역시 일반계고 2009학년도 4년제 대학 진학률 순위

1등급(상위 4%)에 속하는 학생 수가 대전대신고는 둔산지역 학교의 3분의 1 수준이었다. 그리고 외국어영역에서 1등급을 받은 학생도 둔산지역 ○○ 고등학교와 비교를 해 보면 10분의 1 정도밖에 되지 않았다. 하지만 이 해에 입학한 481명 중 11명이 졸업할 때 서울대에 입학했다. 지역 명문으로 꼽히는 충남대에도 159명이 진학했다. 이런 성과들이 소문이 나기 시작했다. 순식간에 대전대신고는 유명세를 타며 이 학교를 지원하는 학생들이 늘어나기 시작했다.

대전대신고의 1지망 경쟁률은 3대1로 대전 지역 사립학교 중에서 가장 높다. 대전의 강남으로 불리는 둔산 지역에서도 대전대신고를 1지망으로 쓰는 학생들이 꾸준히 증가하고 있다.

대전의 강남이 대전의 강북을 부러워하게 된 것이다.

자율의 진수

어떻게 이런 변화가 가능했을까. 수많은 요인이 있겠지만, 학생들이 꼽은 일등 공신은 바로 대전대신고의 '학력책임제'와 '방과 후 수업(ASO)'이라고 입을 모은다.

대전대신고의 학생들은 모든 개인이 교과 선생님과 1:1로 묶여 있다. 그렇기 때문에 모의고사의 과목별, 단원별 취약부분을 분석하고, 그 결과를 누적해 체계적인 성장이 가능하다. 이것은 바로 학생들이 피부로 느끼는 시스템이다.

이 보다 더 강력한 것은 바로 학생들이 자율적으로 선택하는 방과 후

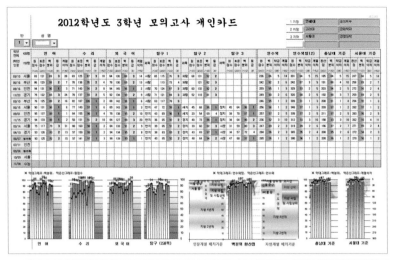

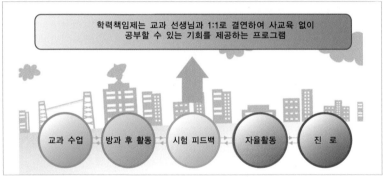

수업이다.

'학력책임제'를 통해 자신의 상황과 수준을 분석한 학생들은 스스로 자신의 부족한 과목을 보충할 수 있도록 방과 후 수업을 선택한다. 방과 후 수업은 100% 학생 자율선택으로 운영된다. 그런데 이런 방과 후 수업조차 단편적으로 구성하지 않고, 매우 다양하고 세부적으로 구성해 학생들의 선택을 돕는다. 자신의 수준을 객관적으로 이해하고 자신의 부족한 공부를 스스로 선택하게 되면, 자연스럽게 수업의 흥미와 동기, 그리고 책임감이 생긴다.

과목별로 다음과 같은 다양한 내용이 구성되어 있다.

과목	방과 후 수업 : ASO(After School for Oryangin)
국어과	고전문학 감상, 현대시 감상, 소설문학 감상, 비문학 강독, NIE활용 수업, 시사토론 및 글쓰기(퍼블릭포럼디베이트), 수능언어 연구, 시창작, 인문독서 강독
외국어과	영어 강독, English Debate Class, 영미문학의 이해, 중국어능력 시험대비반(HSK 3급대비), 일본어능력 시험대비반(JLPT3급 대비)
수학과	MACC(Math Academic Competition Class-수학 경시반), MEC Math Essay Class-수리논술 탐구반), MLEC(Math Learning Enhancement Class-수학 실력 향상반), 수능 수학 연구반 운영
사회과	철학의 세계, 역사 파노라마, 청소년 경제교실, 법과 정치의 이해, 지구촌 이야기, 한국사 능력검정 시험대비반, 시사(NIE)토론반, 논구술 대비반
과학과	Happy 탐구실험반, 교양과학반, 기초과학 탐구반, 과학 논술반, 심화 과학탐구반(이론 및 실험), 과학올림피아드 준비반
문화과	• 체육 관련 : 기초 체력, 운동 기능, 입시체육, 배구, 사격 • 미술 관련 : 드로잉, 디자인, 만화창작, 유화, 캐리커처 • 음악 관련 : 관악(트럼펫, 트럼본, 유포늄, 튜바, 클라리넷, 플루트, 오보에, 바순, 색소폰, 타악기), 기타, 오카리나, 사물놀이, 대금, 단소 • 진로 관련 : 시간 관리 프로그램

100% 자율선택 방과 후 수업

인문계고가 영재학급을?

대전대신고는 1973년에 개교했다. 비평준화 시대에는 삼류 학교로 불렸다. 1979년 평준화가 시행되자 교사들이 먼저 이를 악물었다. 그

지역공동영재학급 수료식

해 9월 취임한 안병룡 교장이 앞장서서 야간 자율학습과 방과 후 수업을 만들었다. 오후 6시면 퇴근하던 교사들이 일주일에 2~4차례씩 밤 11시까지 자습 감독을 했다. 이러한 자율학습과 맞춤형 수업의 시도는 학생들의 학력신장이라는 결과로 나타났다. 사교육 한 번 받지 않고도 국제올림피아드에서 은상을 받은 3학년 손동원 군은 수상 소감을 묻는 질문에 이렇게 답했다.

"학교 심화반 수업에서 어려운 문제를 놓고 친구들과 토론하는 것이 도움이 되었어요."

대전대신고의 변화는 늘 진행형이다. 2012년부터는 대전 인문계고 중 유일하게 영재학급을 운영하기 시작했다. 카이스트 과학영재교육원과 협약도 맺은 상태이다. 협약에 따라 두 기관은 영재교육 전문성 향상을 위한 인적 교류와, 영재교육 프로그램 개발 및 적용을 위한 자료 공유, 영재교육 국제 추세와 방향 탐색을 위한 업무 협의 등에 대

카이스트 과학영재교육원 & 대전대신고 협약식

해 협조하게 되었다.

영재학급은 처음에는 수학, 과학 분야로 운영되었으나 '우수영재학교'로 선정된 이후, 현재는 '발명'과 '인문' 분야까지 신설했다. 대전대신고 영재학급에 입학하려면 기본적으로 2대1의 경쟁률을 뚫어야 한다.

대전대신고 영재학급 출신들은 이미 대전 영재 R&E대회에서 수학, 과학 부분의 상을 휩쓸었다. 그리고 매회 대회에서는 기본 5개 팀 이상이 본선에 오르는 기염을 토하고 있다. 또한 대전 영재페스티벌에서도 2년째 연속 입상을 하고 있다.

"우리 아이는 중학교 때까지 자신의 꿈이 뭔지 전혀 모르고 있었어요. 하지만 대전대신고의 영재교육을 통해 자신의 꿈을 찾았습니다. 이제 그 꿈을 위해 분투하는 모습을 보면 부모로서 너무 대견해요."

영재학급에 다니는 최한수 군의 어머니는 아들이 고등학교 입학과 함

대전 인문계고 '유일' 영재학급 운영

기획점검
★영재교육, 미래의 희망이다

⑦ 대신고 영재학급 운영 현황

대전대신고등학교(교장 박영진)는 대전지역 인문계 고교 중 유일하게 영재학급을 운영하고 있다.

지난해 대신고가 운영했던 '지역공동 영재학급'이 영재교육기관 평가에서 우수 학교로 선정됐던 점 등이 높이 평가된데 따른 것이다.

대신고는 올해부터 '발명'과 '인문' 분야 영재학급을 신설, 기존의 '수학'과 '과학' 분야 영재학급을 합해 모두 4개 분야를 운영했다.

올해 초 영재교육 대상자 선발전형에서 2대 1의 경쟁률을 기록하며 기대와 인기를 불러 모으기도 했다.

영재학급 운영은 주로 주말 집중교육을 통해 영역별로 한 학기에 기본 100시간을 진행했다. 대신고는 특

올해 발명·인문학급 신설
각종 대회선 수상 잇따라
인사 초청 리더십 특강 통해
영재교육 인프라 구축 공헌

히 효율적인 예산 운영을 통해 리더십 특강 및 창의적 산출물 활동을 할 수 있게 40시간을 추가 확보, 학생별 140시간의 영재교육을 이수했다.

이는 다른 영재학급에 없는 것으로 영재교육기관 평가단의 호평을 받기도 했다.

지난해에는 제1회 대전영재R&E 대회에서 수학과 과학 부문 금상을 차지했으며, 올해 대회에서도 본선에 5팀이 올라가는 좋은 성적을 거뒀다.

대전영재페스티벌대회에서도 두드러진 실력을 발휘하며 2년 연속 입상이라는 실적을 올리기도 했다.

대신고 영재학급은 입학한 학생의 학부모를 초대해 영재교육전문가 특강을 펼쳐 대전영재교육에 대한 인식 확산에도 노력했다.

영재의 리더십 향상을 위해 분야별 4개 학급을 한 자리에 모아 저명인사를 초빙해 특강을 실시했고, 인근 중학교 영재학급까지 리더십 특강에 참석하는 등 지역 사회 영재교육 인프라 구축에 공헌하고 있는 것으로 평가된다.

또 여름방학 중 2일간 한국교육개발원(KEDI) 영재교육센터 전문 리더십 강사를 초청해 영재교육 대상자에게 특강을 펼쳐 리더십의 가치를 심도 있게 터득하게 함으로써 영재학생은 물론 학부모로부터도 호응을 이끌어 내기도 했다.

인터넷 포털 네이버에 '오량영재학교'라는 카페를 만들어 학생, 학부모, 교사가 정보를 공유하는 등 온라인 소통에도 커다란 역할을 하고 있다. 카이스트 사이버 영재원과 업무협약도 체결해 대신고 영재학급 학생이면 누구나 사이버 영재 교육을 받을 수 있는 연계활동도 벌였다.

대신고의 이 같은 영재학급 운영은 시교육청이 주관한 영재학급 만족도 조사 결과, 우수 영재학급으로 이어져 2012년에도 대전 유일의 영재학급으로 거듭난 배경이 되기도 했다. 영재학급 대상자의 한 부모는 "우리 아이가 중학교 때까지 자신의 꿈이 뭔지 전혀 모르고 있었는데 영재교육을 통해 자신의 꿈을 찾았다"

며 "그 꿈을 실현하기 위해 분투하는 모습을 보며 부모로서 대견하다"고 만족감을 드러냈다. 영재학급을 총괄하는 수학담당 홍성일(41) 지도교사는 "앞으로 대신고 영재학급이 대전지역을 대표하는 영재교육의 메카로 우뚝 서서 중학생이 가장 오고 싶어하는 영재원으로 거듭날 수 있도록 노력을 경주하겠다"며 "스타브 잡스나 안철수를 능가하는 영향력 있는 인물이 배출되기를 소망한다"고 말했다. 〈끝〉

권순재 기자

올해 초 대신고 영재학급 지원자들이 영재교육 대상자 선발전형을 치르고 있다.
대신고 제공

께 꿈을 이루려 노력하는 모습이 무척 뿌듯하다고 했다.

영재학급에 대한 지역과 학부모의 만족도가 높은 이유는 바로 '오량영재학교'라는 카페의 역할이 크다. 소통의 장으로 학생, 학부모, 교사들이 카페를 통해 정보를 공유하고 있기 때문이다.

특히 영재학급을 총괄하는 홍성일 지도교사는 누구보다도 이 과정에 열정적이다.

"앞으로 대전대신고 영재학급이 대전 지역을 대표하는 영재교육의

메카로 우뚝 서서 학생들이 가장 오고 싶어 하는 영재원으로 거듭날 수 있도록 노력을 경주할 것입니다. 바로 이곳에서 스티브 잡스나 안철수를 능가하는 영향력 있는 인물이 배출되기를 소망합니다."

평범한 학생들의 변화

'괄목상대' 이현성 군

영재학급의 특별한 교육뿐만 아니라, 평범한 학생들의 변화는 더욱 눈부시다.

"과거는 묻지 않습니다. 대전대신고에 입학하면, 바로 그때부터 시작입니다. 대전대신고는 평범한 학생들에게 특별한 인생을 선사하고 싶습니다. 1학년 신입생 때의 모습을 보고, 3년 뒤 그 학생을 다시 보면 그야말로 '괄목상대' 입니다."

대전대신고 박영진 교장의 말이다.

괄목상대의 대표적인 인물은 이현성 군이다. 평범한 학생이었던 그는 입학 이후 공부의 최고 전성기를 보내고 있다.

"공부를 환영하는 마음가짐이 필요합니다. '공부가 쉽다. 재미있다' 라는 생각에서 출발해야 성취감을 맛볼 수 있어요. 공부를 즐긴다는 것 자체가 어려운 일이지만, 그렇다고 억지로 하는 공부는 고역일 뿐이죠. 이게 저의 지론입니다."

'공신' 처럼 말하는 그는 신문기자와의 인터뷰에서도 언변이 막힘이 없었다.

"공부를 잘하기 위해서는 해당 과목 선생님을 좋아한다거나, 장래 희망과 연관 짓기, 보상 부여, 적절한 처벌 등 여러 가지 방법이 있겠지만, 저는 무엇보다 교과과목 그 자체를 좋아하는 것이 중요하다고 생각합니다. 또한 공부에 대한 긍정적인 인식과 자신감이 성적을 올리는 쉽고도 어려운 비결입니다."

쉬는 시간에는 여유롭게 휴식을 취한다는 이 군은 공부 시간만큼은 철저하게 공부에 집중한다. 그는 평일 자율학습 시간의 경우 쉬는 시간을 뺀 340분을 각각 100분, 70분, 80분, 90분으로 나눠 수리, 외국어, 언어, 탐구영역 공부에 투자하고 있다.

"매일 일정한 시간을 모든 과목에 꾸준히 투자하는 게 중요합니다. 수리영역의 경우 100분 동안 넉넉히 풀 수 있는 문제를 준비해 풀어본 후에는 어렵거나 틀린 문제는 그 유형을 정리해 놓아야 합니다. 이런 방식의 공부습관은 시험이 임박했을 때 공부효율을 높일 수 있는 방법이죠."

이현성 군과 같이 자신만의 공부법으로 지혜롭게 공부하는 학생들이 대전대신고에는 매우 많다고 한다. 이런 학생들의 자신감 뒤에는 선배들이 후배들을 위해 진로와 학습의 노하우를 멘토링하는 시스템을 갖추고 있다.

이현성 군은 자신의 멘티인 고1 학생을 위해 시험 플랜을 소개할 때마다 강조하는 말이 있다.

"시험을 앞두고 계획표를 짤 때는, 시험 전날을 목표로 계획을 역순으로 세워야 한다.

이것만큼 시간의 긴장감을 높이고 시간을 효율적으로 사용하는 방법은 없을 거야. 알겠지?"

이렇게 후배들을 위해 멘토링을 해 주는 선배들의 '지식나눔' 문화는 대전대신고 학생들의 자부심이다.

이현성 군은 바쁜 고3 생활에서도 독서의 중요성을 강조했다.

"고3이 무슨 사치스런 독서 타령이냐 할지 모르겠지만, 좋은 독서는 그 후 공부의 질을 바꾼다고 확신하기에 책읽기를 즐겨합니다. 책을 선정할 때는 주로 가고자 하는 학과와 관련 있는 책이나, '체 게바라 평전' 같은 위인전을 주로 읽습니다."

입학하였을 때의 풋풋함과 서투름은 사라지고, 어느덧 대학생 같은 느낌을 주는 것이 바로 이 학교의 고3 학생들이다. '괄목상대'는 대전대신고등학교의 고3을 두고 하는 말이다.

입학사정관, 대전에서 놀라다!

"대전에 갔다가 대단한 고등학교를 봤어요."

서울대 입학관리본부 연구위원인 김경범 교수의 말이다. 그는 7년째 서울대 실무를 담당해 온 입시통이다. 입학사정관으로 해마다 전국 수십 곳의 고등학교를 둘러보는 그의 입에서 '대단하다'는 말이 나왔다면, 예사롭지 않은 것이다.

"자율학습이 얼마나 중요한지 대신고를 보며 느꼈습니다. 대신고 1,2학년 학생들은 매일 밤 10시, 3학년은 밤 11시~12시까지 학교에 남아 공부합니다. 예외는 없습니다. 담임과 진학지도 교사는 모든 학생을 한 달에 한 차례 이상 면담해서 자습의 진도와 방법을 결정합니다."

학생 개인면담 기록 파일

실제로 그렇다. 담임이나 진학지도 교사는 학생 개별 프로파일을 꼼꼼하게 분석해 개별 지도를 한다. 이 프로파일에는 학생이 어떤 과목의, 어떤 부분을 어려워하는지 적혀 있다. 그렇기 때문에 구체적인 상담이 가능한 것이다. 학습 내용 중에 막히는 부분은 인터넷 강의를 소개하거나 교사가 직접 가르쳐 주기도 한다. 이것이 자율학습의 토대가 된다.

김경범 교수가 또 놀란 것은 대전대신고의 방과 후 수업 시스템이다. 자율학습으로도 메울 수 없는 구멍을 방과 후 수준별 수업으로 채우고 있는 것이다. 성적이 뛰어난 학생들과 뒤처지는 학생들을 따로 모아 수준에 맞게 가르친다. 특이한 점은 이 방과 후 수업을 맡을 선생님을 사실상 학생들이 선택한다는 것이다. 진학지도실 교사가 학생을 면담해 어떤 선생님 수업을 듣고 싶은지 묻는다. 이런 노력들이 아마도 대전대신고의 혁신 드라마를 만들어 낸 밑바탕이 되었을 것이다.

'꿈'에 날개 달아주기

02

1학년만을 위한 진로 페스티벌

페스티벌, 그리고 꿈데이

"이상한 학교라고 생각했어요. 좀 다르다는 이야기를 듣긴 했지만, 처음부터 이렇게 다르게 나갈 줄은 상상도 못 했죠. 이 학교에 입학만 하면 공부를 잘 하게 된다는 소문을 들어서 바짝 군기를 잡을 줄 알았어요. 그런데 저의 예상은 보기 좋게 빗나갔어요."

1학년 김진태 군은 3월의 푸르른 날, 정문에 붙은 그 현수막을 잊지 못하고 있다.

대전대신고에는 1학년 전체 신입생들을 위한 특별한 학교행사가 있다. 그것은 1학년만을 위해 1년에 4번 '진로 페스티벌'을 개최한다는 것이다. 1학기에 2번, 2학기에 2번 페스티벌이 진행된다. 진로지도를 담당하는 김종진 교사는 학생들의 진로이야기만 나오면 흥분해한다.

"진로 페스티벌은 단순한 이벤트가 아닙니다. 꿈이 있어야 공부할 이유가 생기기 때문에 우리 학교는 반드시 진로부터 고민하게 만듭니다. 새로운 고등학교 생활에 적응하기 앞서 먼저 진로 페스티벌을 통해 학교에 와야 하는 이유를 만들어 주는 거죠."

차시	주제	일정	내용
1차	나 발견하기	1학기 초	재능, 흥미, 가치, 역할 탐색
2차	세계 발견하기	1학기 초	진로 설계하기, 세계 속의 직업 탐색하기
3차	롤모델 페스티벌	2학기 초	인생 로드맵 설계, 롤모델 특강 & 인터뷰
4차	포트폴리오 발표회	2학기 말	인생 로드맵 & 포트폴리오 발표

진로 페스티벌

하지만 400여 명의 신입생들의 진로를 이런 행사를 통해 과연 찾을 수 있을까? 학생들의 개별 특성과 성장과정이 각기 다르고, 그에 따른 진로의 색깔도 다른데 어떻게 행사를 진행한다는 것인지…….

사실 이런 질문은 주변 학교의 진로 교사들이 대전대신고 진로프로그램을 벤치마킹하러 올 때마다 하는 이야기들이다. 그때마다 김종진 교사는 씩~ 하고 한번 특유의 웃음을 날린다.

"이쪽으로 와 보세요."

학교 중심 현관으로 탐방교사들을 안내했다. 그곳에는 다양한 학교의 역사와 인재상이 전시되어 있었다. 그리고 진로 프로세스가 깔끔하게 전시되어 있었다. 4번에 걸쳐 진행되는 '진로 페스티벌'이 먼저 눈에 들어온다. 그런데 또 하나 눈에 들어오는 것이 있었다. 바로 '꿈 데이'라는 것이다.

차시	주제	일정	내용
1차	진로 설계 활동	1학기	온라인 진로 블로그 구축 및 자료 축적
2차	직업 정보 축적	1학기	인생 로드맵, 포트폴리오 자료, 자기소개서 작성
3차	대학 선정 프로젝트	1학기	학과 대학 정보 축적, 자기소개서 피드백, 방학 플래닝
4차	포트폴리오 발표회	2학기	진로 체험, 대학 탐방, 자기소개서 완성
5차	종합 포트폴리오	2학기	진로 블로그, 포트폴리오 발표, 롤모델과의 만남
6차	입학사정관제 준비	2학기	비디오 리허설 및 피드백, 반별 경진대회 구성

꿈데이

총 6차례에 걸쳐 1학년 학생들은 꿈과의 만남을 가진다. 그리고 각 담임교사와 함께 꿈을 찾아가는 과정에서 세부적인 프로세스를 진행한다. 진로 프로그램을 벤치마킹하러 온 탐방교사들은 이 부분에 주목했다. 진로 블로그, 인생 로드맵, 포트폴리오, 자기소개서, 학과 탐방, 방학 플래닝, 비디오 리허설 등 거의 고3 학생들에게 필요한 실전 진로진학의 자료들이다. 정말 이런 것들을 신입생들이 한단 말인가. 자기소개서 작성과 모의면접까지, 그리고 이런 것들을 촬영해 비디오 시뮬레이션을 하는 학교를 본 적이 있는가. 그것도 1학년이 말이다.

"자기소개서는 고3 때 갑자기 쓰는 것이 아닙니다. 꿈을 찾고, 그 꿈을 추구하는 과정이 제대로 이루어진다면 자기소개서는 매우 자연스러운 결과물일 뿐입니다. 우리 학교 1학년 학생들은 고3이 될 때까지 최소 50번의 자기소개서를 쓰면서 피드백하는 과정을 거칩니다. 경쟁력이 있을 수밖에 없죠."

김종진 교사는 사자 갈퀴 같은 머리를 가진 유명인물이다. 그의 머릿속에는 400여 명의 단편적인 신입생의 모습이 아니라, 개개인의 개별 프로파일을 분석하고 어떤 특징을 가진 학생들인지 오롯이 담겨있다.

그는 현재의 진로 프로그램을 시스템으로 만드는 과정에 가장 많은 노력을 했다. 학생들의 진로에 대한 오랜 고민과 노력은 그의 탄탄한 내공에서 출발했다. 그는 2010학년도 경희대학교 입학사정자문위원, 2011학년도 아주대학교 고교교사 자문단, 2011학년도 공주대학교 입학사정자문위원, 2011/2012학년도 대전시교육청 진로정보센터 운영

주제	활동내용		
	1부	2부	3부
나 발견 하기	1. 셀프원정대 I 입시전략 포트폴리오 특강 내가 좋아하는 것, 잘 하는 것 다중지능 해석 및 희 망 직업군	2. 셀프원정대 II 성격유형 검사 및 해석 스트롱 해석 흥미유형별 그룹 핑 활동	3. 작은 영웅들의 꿈 찾기 관심직업군 탐색 직업정보 속으로 나의 직업 브리핑
정보축적 스타트	1. 포트폴리오 클리어파일 배부 2. 초기 자료 정리(사전검사 4가지, 현장검사 3가지, 직업조사 과제결 과물, 페스티벌 교재) 3. 1차 페스티벌 리뷰 및 최종 희망직업에 대한 자료조사(직업정보시 스템,롤모델) 나누기 4. 해당 직업 영상 및 자료 목록(직업정보리포트, 직업사전, 직업영상, 도서 인용)		
세계 발견하기	1. 내 인생의 미래자서전 • 커리어포트폴리오 소개 • 꿈의 목록 • 마법의 문장	2. 영웅! 인생을 디자인하다 • 미래이력서 • 인생 시나리오 • 장기로드맵	3. 꿈의 관문 맛보기 • 대입 자기소개서 특강 • 자기소개서 DB (Before버전) • 진로 블로그 소개
직업정보 축적	진로 블로그 제작 및 점검 자기소개서 발표 및 수정 기준 제시 장기로드맵 완성 발표		
대학 선정 프로젝트	진로를 위한 학과 대학 정보 축적 전략 자기소개서 1차 수정결과 피드백 방학 플래닝(진로체험 계획서+대학탐방 계획서)		
꿈과의 만남	1. 롤모델 만남 시뮬레이션 사전 질문지 수정 인터뷰 시뮬레이션	2. 꿈과의 위대한 만남 특별 직업인 만남 주제별 롤모델 선 택 만남	3. 포트폴리오 기획하기 대학별 파일 점검 포트폴리오 콘셉트 및 기획안
진로 체험 발표회	방학 중의 진로체험 결과 발표 방학 중의 대학탐방 결과 발표 자기소개서 3차 수정		

종합 포트 폴리오	자기소개서 최종본 발표 목표 대학 포트폴리오 종합 결과 발표(진로 블로그+포트폴리오 파일+ 롤모델 만남+체험 결과)		
비디오 리허설	포트폴리오 발표 비디오 리허설 및 피드백 조별, 반별 경진대회 콘티 구성		
포트 폴리오 콘서트	**1. 진로 포트폴리오 가상 면접** 교사 입학사정관 모의 면접 상호 평가 및 피드백	**2. 포트폴리오 콘서트** 최고의 자기소개 서 발표 최고의 면접 발표	**3. 세리모니** 하이라이트 영상 상영 오량인 타임캡슐

전체 진로 페스티벌과 반별 꿈데이

위원, 2011 / 2012학년도 대전시교육청 진로진학 상담교사 운영위원
등을 두루 거쳤다. 그뿐 아니라 국사, 공통사회, 전문상담 교사, 진로
진학 상담교사 등 4개의 교사자격증과 미술심리치료 상담사 자격증
까지 소유하고 있다.

이 모든 것이 바로 학생들의 진로를 위해 달려온 그의 삶 그 자체이
다. 사자 갈퀴 같은 머리카락의 대부분이 흰 머리인 것은 다 이유가
있는 것이다.

자신을 보는 힘

아직은 꽃샘추위로 쌀쌀한 3월, 제1회 대전대신고 진로 페스티벌이
열렸다.

400여 명의 신입생들은 백암관으로 속속 모여들었다. 학생들의 맑은
눈빛은 흡사 사슴의 눈과 닮아 있었다. 중학교 3학년 시절, 맏형의 넉

살 좋던 모습들은 온데간데없고, 다시 신참 이등병의 모습이다.

백암관의 2층 관람석에는 많은 학부모님들도 참석했다. 그 유명한 진로 페스티벌을 보기 위해서이다. 진로 페스티벌 행사 때는 대대적인 홍보를 통해 학부모님들과 주변 학교, 지역주민들도 참가해 함께 행사를 즐긴다. 대한민국의 고등학교 1학년이 어떤 모습으로 행복하게 살아야 하는가를 알리고 싶은 것이다.

처음 참여하는 진로 페스티벌에 1학년 학생들은 잔뜩 긴장해 있는 표정들이다. 그런데 이럴 수가! 시작은 즐거운 댄스와 함께였다. 갑자기 생기로 넘치는 학생들은 가수 싸이처럼 단상을 점령하며 막춤을 추기 시작했다. 그야말로 진짜 축제였다. 대전대신고는 그 어떤 행사도 이벤트처럼 여기지 않는다. 모든 행사가 유기적으로 연결되어 있으며 학생들에게 그렇게 인식을 시킨다. 그래서 모든 페스티벌에는 동일한

진로 페스티벌 행사에 적극적으로 참여하는 학생들

사회자가 와서 학생들과 관계를 형성하고 친밀감을 만든다. 바로 그 첫날부터 학생들은 사회자와 함께 무대를 점령했다.

학생들의 긴장감이 풀어지고, 페스티벌에 대한 기대감이 충만해질 무렵, 무대에 수십 명의 대학생이 뛰어 올라왔다. 모두 같은 옷을 입고 있다. 누구일까? 학생들은 궁금해했다.

"여러분, 특별한 분들을 소개합니다. 이분들은 바로! 바로! 현재 명문 대학에 다니고 있는 우리 학교를 졸업한 여러분의 선배님들입니다. 박수 주세요!"

학생들은 환호성을 질렀다. 자신들의 미래를 보고 있는 바로 그 느낌이랄까.

"여러분, 놀라기에는 아직 이릅니다. 더 행복한 소식을 전해 드릴까요. 이 분들이 바로 오늘부터 진로 페스티벌에서 여러분 한 사람 한 사람을 도와주고 꿈을 찾는 모든 과정에 함께 해 줄 멘토로 참여한다는 사실입니다."

그야말로 행복의 비명이 터져 나왔다. 즐거운 함성 그 자체였다. 학생들도 행복해했지만, 2층에서 이를 지켜보는 부모들이 더 행복해하는 것 같았다. 눈물을 글썽이는 부모도 있었다. 이 학교가 배출한 명문대생 선배들이 후배들을 위해 기꺼이 멘토로 참여해서 자신들의 노력과 꿈의 성취과정을 전해 준다고 하니, 이보다 더한 기쁨이 어디 있겠는가.

대전의 강남도 아닌, 대전의 강북에서 이런 일이 가능하다니 말이다.

백암관을 가득 채운 각 조에 멘토들이 한 명씩 자리를 잡았다. 학생들은 자신의 조에 배치된 멘토들을 열렬히 반겨주었다. 후배들이 이렇게까지 자신들을 반길 줄 몰랐던 선배 대학생 멘토들은 행복해했다. 자신의 모습이 누군가에게 이렇게 꿈처럼 여겨진다는 그 사실이 기뻤다.

첫 번째 1차시 진로 페스티벌의 핵심 내용은 '자기발견'이다. 1차시부터 학생들은 한 가지 새로운 사실을 깨달았다. 자신의 꿈을 발견하고 그 꿈을 결국 이뤄 낸 글로벌 리더들도 청소년기에는 같은 공통적인 고민을 가지고 있었다는 것이다. 바로 이러한 고민에서 출발해 자신의 진로 가능성을 하나씩 발견해 나간다.

신입생들은 강의 자료에서 눈을 떼지 못하였다. 정말 처음 보는 신기한 자료들이 가득했다. 이러한 고민들을 진로 페스티벌의 활동으로 풀

주제	나의 탐색 결과	직업군
흥미 & 재능	수학, 로봇, 컴퓨터, 운동, 과학, 실험, 부시고 고치기, 영화, 자동차 이름 외우기, 공상과학소설 읽기	수학자, 로봇공학자, 컴퓨터 프로그래머, 컴퓨터 보안전문가, 생물학자, 물리학자, 자동차 엔지니어, 영화제작자, 무대연출가, 자동차공학연구원
가치	변화지향, 지식추구	경영 컨설턴트, 변호사, 컴퓨터시스템 분석가, 마케팅 전문가, 과학자, 생물학자, 심리학자, 배우
강점	논리, 신체 운동, 공간	과학자, 과학교사, 수학자, 수학교사, 전략가, 증권분석가, 은행원, 회계사, 컴퓨터 프로그래머, 기술자, 물리 치료사
적성	현실형 (R)	촬영감독, 프로게이머, 운동선수, 조향사, 소방관, 도시 계획가, 항공기조종사, 반도체 전문가, 데이터베이스 관리자
	탐구형 (I)	큐레이터, 기상 관측가, 약사, 컴퓨터 보안전문가, 로봇 공학자, 천문학자

어간다면 어떤 모습이 나올까? 화면에 보이는 결과표를 보면서 학생들은 복잡한 퍼즐이 맞춰지는 듯한 느낌이 들었다. 다섯 가지의 고민이 이렇게 진로의 그림으로 그려지는 것이 시원하게 느껴졌다.

진로 페스티벌의 메인 강사는 김승 컨설턴트이다. 교육컨설팅 기업의 수석연구원인 그는 이미 절반은 대전대신고 교사이다. 이미 수년 전부터 이 학교 교사들의 진로 연수에만 1년에 40시간 이상씩 함께 해오고 있다.

"어떨 때는 대전대신고 교직원이라는 생각이 들 때가 있습니다. 교사들과 무척 친하고, 복도를 지나가면 학생들이 자연스럽게 인사를 해

진로 페스티벌을 진행하는 김승 컨설턴트

요. 교무실에 제 자리 하나만 나오면 이제 저는 완전히 이 학교 교사
가 되는 겁니다. 하하!"

김종진 진로교사와 끊임없이 학생들의 프로파일로 상의하고, 진로문
제를 상의하는 김승 컨설턴트는 이 학교 학생들에게 남다른 애정을
가지고 있다. 그는 4번에 걸친 페스티벌을 진행하며, 진로 페스티벌
에 참여하는 명문대 멘토들과 꿈데이를 진행할 담임교사들과도 하나
의 네트워크로 단단히 묶여 있다.

1차시 진로 페스티벌은 자기 자신을 들여다보고, 발견하는 힘을 심어
준다. 자신의 능력을 찾는 '소질탐색'과 자신의 역할을 찾는 '적성탐
색'을 함께 병행하며, 그 과정에서 학생들 스스로가 자신을 발견하는
것을 가장 소중히 여긴다. 그리고 다양한 토론과 활동을 통해 친구들
과 멘토들이 서로의 발견을 도와주기도 한다.

1차시의 자기발견 핵심 구조는 다음과 같다.

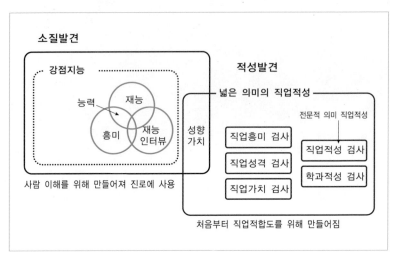

소질발견

강점지능

능력

재능

흥미

재능
인터뷰

성향
가치

사람 이해를 위해 만들어져 진로에 사용

적성발견

넓은 의미의 직업적성

전문적 의미 직업적성

직업흥미 검사

직업성격 검사

직업가치 검사

직업적성 검사

학과적성 검사

처음부터 직업적합도를 위해 만들어짐

1학년 400여 명의 신입생 전체에게 적용한 자기발견의 다면구조

먼저 자기 스스로 자신의 흥미와 재능을 찾아 기록한다. 그리고 흥미와 재능의 내용 중에 일치하는 내용을 확인한다. 이 모든 과정을 다른 친구들과 공유한다. 친구들은 그 내용을 보면서 어울리는 직업을 추천해 준다. 놀라운 것은 친구들이 추천하는 직업이 진로전문가 수준이라는 것이다. 학생들은 친구의 추천을 받은 직업 목록을 보면서 각자 자신의 만족도를 기록한다. 물론 이 과정에서 전문적인 직업흥미 검사와 다중지능 검사 그리고 직업가치관 검사를 병행한다. 놀라운 것은 스스로가 기록한 흥미와 재능 내용이 과학적인 적성 검사와 비교해 보았을 때 내용이 크게 다르지 않다는 것이다.

1차시 진로 페스티벌의 자기발견을 위해, 학생들은 사전 검사를 먼저 진행했다. 커리어넷을 통해 직업흥미 검사, 직업적성 검사, 직업가치

내가 좋아하는 것	내가 잘 하는 것	재능 인터뷰
• 힙합	• 과학	• 수학자(90%)
• 배트민턴	• 수학	• 수학연구원(90%)
• 수학	• TV 오래 보기	• 과학교사(95%)
• 과학	• 컴퓨터	• 과학자(95%)
• 농구	• 야구	• 스포츠 해설자(85%)
• 삼성라이온즈	• 토론하기	• 선생님(85%)
• 데이크원	• 메모하기	
• WBC	• 봉사하기	
• 조립하기	• 잠 오래 자기	
• 대회 나가기	• 집중하기	
• 걷기	• 발표하기	
• 대화하기	• 숙제 안 하기	
• 토론하기	• 조립하기	
• 야구장 가기	• 멍 때리기	
• 서울 가기	• 앉아서 자기	
• 노래방	• 놀리기	
• 여행	• 물건 오래 쓰기	
• 블로깅	• 자랑하기	
• 잠자기	• 언더 힙합	
	• 믹스테잎 구하기	

생물학자를 꿈꾸는 1학년 한석준 군의 자기발견 노트

관 검사 그리고 진로성숙도 검사의 결과를 이미 읽어보고 자신의 폴더에 가지고 왔다. 400여 명의 1학년 신입생 전체가 이미 사전 검사를 완료하고, 페스티벌 현장에서는 흥미목록, 재능목록, 친구들의 직업추천, 성향진단, 적성진단, 강점진단 등을 거쳐 자신의 희망직업군을 도출한다. 이는 매우 균형 잡힌 진로탐색의 결과를 지향하게 된다.

구분	직업흥미유형 결과
나의 흥미 유형 코드	S(사회형)
나의 흥미 유형에 적합한 학과	교육대학, **상담학**, 유아교육, 간호학, 가정학, 아동복지학, 특수교육
나의 흥미 유형에 적합한 직업	**상담가**, 레크레이션 강사, 정신보건종사자, 봉사단체 책임자, 보육교사, 초등학교 교사, 중고등 교사

스트롱(Strong) 검사(직업에 대한 흥미와 적성 검사)

구분	강점 지능	끌리는 직업
1지능	E(언어적 지능)	아나운서, 선생님, **심리학자**, 언론인
2지능	F(인간친화 지능)	의사, 기자, **심리치료사**, 배우
3지능	V(신체운동 지능)	없음

다중지능(MI) 검사(재능의 기초가 되는 강점지능에 대한 검사)

1. 직업 안정	2. 봉사	3. 인정

직업가치관 테스트(직업선택의 기초가 되는 가치기준 검사)

다면적 검사를 통해 상담전문가의 꿈을 품은 1학년 한상현 군의 진로 페스티벌 결과

경험적인 관찰과 과학적인 검사를 겸하고, 주관적인 감성과 객관적인 안목을 동시에 추구하는 것이다. 이는 스스로 자기발견을 진행하는 주도력과 전문가의 컨설팅을 함께 경험하도록 구성된 것이다.

1차시 진로 페스티벌의 마무리는 자신의 희망직업에 대한 정보를 다양하게 탐색하는 활동이다.

충분한 자기발견의 과정을 거쳐 희망직업군을 찾아내지만, 막상 그 직업 자체에 대한 정보가 부족하기 마련이다. 그래서 직업에 대한 정

보를 구체적으로 탐색하는 시간을 가진 뒤, 자신의 최종 희망직업에 대한 직업카드를 제작한다.

전문가들도 대전대

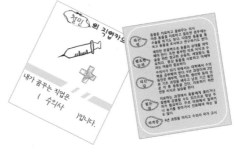
1학년 고철민 군의 직업카드

신고의 진로 페스티벌의 세부적인 순서를 보면, 혀를 내두르기 일쑤이다. 학생들이 입학하자마자 컨설팅 수준의 진로탐색을 진행하며, 어떻게 400여 명의 신입생 전체에게 적용할 수 있냐며 의아해하기도 한다.

이에 대해 김종진 교사는 이렇게 답한다.

"가능합니다. 전체 교사가 매년 진로 컨설팅 전문가 연수를 받고, 1학년만

학생들이 만든 자신만의 직업카드를 꿈데이 때에 교실 복도 벽에 전시

을 위한 4회 진로 페스티벌이 유기적으로 연결되며, 반별로 월별 꿈데이를 갖고, 학생 한 명 한 명의 개별 프로파일을 축적하고 있기 때문에 충분히 가능한 일입니다.

우리 학교는 이 모든 것이 학교 전체의 시스템으로 돌아가고 있습니

다. 1학년 교사들은 서울 강남의 컨설팅 전문가 수준으로 반별 학생들의 진로를 진단하고 솔루션을 도출합니다. 소프트웨어, 하드웨어,

순서	제목	내용
오리엔테이션	대전대신고 멘토 만남	대전대신고 출신의 명문대 멘토와 친해지기
	Who R U 팀빌딩	그룹, 학급, 1학년 전체 알아가기
	다중지능 검사	타고난 재능의 상위 강점지능 찾기
	사전 검사 브리핑	진로흥미, 진로적성, 직업가치, 진로성숙도
나를 탐험하는 셀프원정대 1부	입시전략 진로 포트폴리오	입시의 가변요소와 불변요소, 입사제
	나의 흥미와 재능 탐색	흥미와 재능의 자기탐색과 일치점 찾기
	다중지능 해석과 직업군	강점지능을 끌리는 직업과 연결시키기
나를 탐험하는 셀프원정대 2부	재능과 적성의 직업군	흥미, 재능, 성향의 적성과 직업 찾기
	직업정보 탐색과 직업카드	직업카드와 직업리포트 분석하기
	나의 직업브리핑	정보에 근거해 희망직업 프레젠테이션
꿈 찾기 뮤지컬	'드림 온' 뮤지컬 관람	선배 멘토의 자전적 뮤지컬 관람
	뮤지컬 피드백 토크쇼	진로 워크숍과 뮤지컬의 메시지 전달
꿈데이 과제	희망직업과 롤모델 조사	꿈데이를 위한 진로 추가정보 과제 확인

1차 진로 페스티벌 '자기발견'

운영체제, 유저 등의 모든 구성이 조화를 이루며 돌아갑니다. 마치 훌륭한 컴퓨터 같다고 할까요!"

꿈과 계획의 차이

"두 번째 진로 페스티벌이 기다려져요. 저의 고등학교 생활은 진로 페스티벌과 함께 시작한 거나 다름없어요. 바로 이곳에서 저의 꿈을 찾았어요!"

신입생 김진태 군은 누구보다도 진로 페스티벌을 기다리고 있다.

1학년 전체 학생들의 설문조사 결과, 진로 페스티벌에 대한 만족도는 90%를 넘었다. 고등학생 1년 과정을 정신없이 보내는 타 학교 학생들과는 달리, 대전대신고 학생들은 2학년에 올라가기 전 이미 4번의 진로 페스티벌을 통해, 열 가지의 다양한 자기탐색으로 내면의 힘을 키운다. 그리고 인생의 장기적인 목표를 이루기 위한 단기적인 전략을 수립해 실천 계획까지 세운다. 이렇듯 공부하는 이유가 확실해지니 학습의 동기도 스스로 만들게 된다. 그리고 이러한 동기가 시들지 않도록 월 1회 꿈데이를 지속적으로 담임교사와 진행한다.

학생 개개인은 자신만의 진로 프로파일을 가지고 있으며, 꿈을 추구하는 모든 과정을 고스란히 블로그에 축적해 놓는다. 때문에 자연스럽게 자신의 스토리가 생기게 되고, 그 내용을 바탕으로 입학사정관제를 대비한 포트폴리오를 구성하고 자기소개서를 작성하는 데 활용할 수 있다. 이렇게 1학년 학생들의 진로성숙도가 만들어 내는 건강

진로 페스티벌에서 장기로드맵을 발표하는 1학년 김진태 군

한 긴장감은 아마 일반 고3 학생의 수준 그 이상으로 서울 강남 대치동의 컨설팅 수준과 충분히 경쟁하고도 남을 것이다.

1차시 진로 페스티벌이 '자기발견'에 초점을 두었다면, 두 번째 페스티벌은 '세계발견' 중심으로 이뤄진다.

김진태 군은 진로 페스티벌에서 학교생활에 의미를 찾았다고 한다. 2차시 진로 페스티벌에서 만난 진태 군의 얼굴에는 확신이 넘쳐 보였다.
"샘! 저, 이번에 1% 먹었어요! 1%"
2차시 진로 페스티벌에서 진태는 무대 위에 올랐다. 자신의 꿈을 구체화하는 장기로드맵을 발표하기 위해서이다. 첫 만남 때부터 400여 명 중에서도 눈에 띄었던 진태는 진로 페스티벌을 통해 자신을 발견

교육컨설팅 기업의 대표이사를 꿈꾸는 김진태 군의 장기로드맵 세부내용

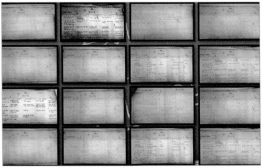

기계공학자를 꿈꾸는 1학년 김범식 군의 장기로드맵 세부내용

하고 꿈을 찾았다. 그리고 그 꿈을 이루기 위해 열심히 공부했다. 놀
랍게도 첫 번째 시험에서 진태는 상위 1%에 속할 수 있었다.

2차시 진로 페스티벌에서는 꿈과 비전, 사명, 소명 등에 대해 의미를
구분하고 자신의 꿈을 이루는 과정을 로드맵으로 만들었다.

이렇게 해서 만들어진 로드맵은 반별로 꿈데이를 통해 더욱 내용을
구체화해 교실게시판에 붙이게 된다. 이 학교의 모든 1학년 학생은
인생의 로드맵을 가지고 공부를 하고 있다.

"잠을 자면서 꾸는 꿈은 그냥 꿈입니다. 깨어 있는 동안 꿈을 꾸어야 열
정이 생깁니다. 그
런데 계속 꿈만 꾸
고 있으면, 삶은 변
하지 않습니다. 그
꿈을 기록하고 실천
해야 합니다. 꿈을
기록하면 그 순간부

꿈데이를 통해 학생들의 장기로드맵 전시

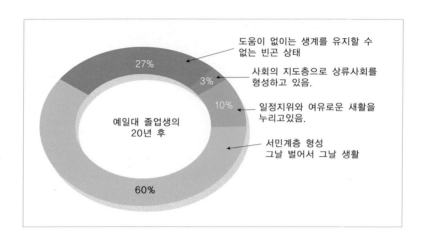

도움이 없이는 생계를 유지할 수 없는 빈곤 상태

27%

사회의 지도층으로 상류사회를 형성하고 있음.

3%

예일대 졸업생의 20년 후

10%

일정지위와 여유로운 생활을 누리고있음.

서민계층 형성
그날 벌어서 그날 생활

60%

터 '꿈'은 '계획'으로 바뀝니다."

2차시 진로 페스티벌은 바로 이런 멘트와 함께 시작되었다.

학생들은 1953년부터 1973년 사이에 있었던 예일대의 연구결과를
본 후, '꿈을 직접 적어야 한다'는 것의 중요성을 깨달았다. 같은 대
학을 졸업하였으나 20년 후에 달라진 인생! 그 결과를 만들어 낸 원
인은 20년 전 삶의 태도에 있었다.

27%의 빈곤층으로 사는 사람들은 20년 전에 '꿈이 없던 사람들'이
었고, 60%의 대다수 서민층 사람들은 20년 전에 '꿈은 있었지만 그
꿈이 희미하고 계속 바뀌는 사람들'이었다. 그리고 10%의 상류층 사
람들은 20년 전에 '꿈은 있지만 기록하지는 않았던 사람들'이었고,
마지막 3%의 사회지도층 사람들은 20년 전에 '자신의 꿈을 구체적
으로 기록한 사람들'이었다. 이 과정을 통해 학생들은 '꿈'을 '기록'
해 '계획'으로 바꾸고 결국은 '실천'으로 이어지는 삶을 받아들이게
되었다.

구분	1단계	2단계	3단계	4단계
직업	의사	백신기업 대표	교수	정치인
정체성	비전	사명	소명	소명
목적	사람 치료	컴퓨터 무료 치료	기업가 정신	정의로운 사회, 국가
마음 크기	개인적 역할	사회적 역할	시대적 역할	역사적 역할
핵심 가치	공적 헌신 (모든 사람에게 공정한 기회가 주어지는 정의로운 세상 만들기)			
인생 카피	치료자[Healer] + 변화주도자[First Mover] + 융합전도사[Maximizer]			

안철수 교수의 비전, 사명, 소명 구조 테이블

꿈을 어떻게 기록할 것인지, 어떤 도구를 사용할 것인지 등의 세부적인 방법을 교사들은 친절하게 설명해 주고, 자신만의 '장기로드맵'을 완성해 낼 수 있도록 돕는다.

학생들은 2차시 진로 페스티벌을 통해 자기 인생의 '장기로드맵'을 그리는 것에서 만족하지 않고, 보다 원대한 인류 보편적 가치를 배운다. 비전을 넘어 사명과 소명의 단계까지 꿈을 확장하는 것이다.

중요한 것은 '직업명'이 아니라, 그 '직업을 가져야 하는 이유'라는 사실을 처음 배우게 된 학생들의 반응은 생각보다 진지했다. 자신의 '꿈'에 대한 '개인적 역할'이 '사회적 역할'로 바뀌고, 그것이 다시 '시대적 역할'을 지나 '역사적 역할'로 연결되는 구조를 이해한다. 그리고 이러한 내용을 '사명선언서'로 작성해 동기들 앞에서 선포하는 시간을 갖기도 한다.

학생들은 1학년 때부터 2차시 진로 페스티벌에서 자기소개서를 쓰기 시작한다. 이후 꿈데이를 거치면서 반복적으로 자기소개서를 수정해

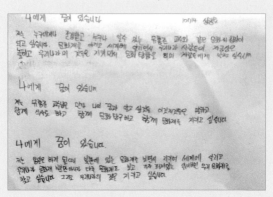
1학년 성창호 군의 사명선언서

나에게는 꿈이 있습니다.

저는 누구에게나 존경받고 누구나 알 수 있는 유홍준 교수님과 같은 문화재청장이 되고 싶습니다. 문화재를 아끼고 세계에 알리면서 우리나라 사람들의 자긍심을 높이고 우리나라의 것들을 지키면서 문화탐방을 하며 사람들에게 말하고 싶습니다.

나에게는 꿈이 있습니다.

저는 유홍준 교수님을 만나 저의 꿈에 대해, 그리고 알고 싶은 것들에 대해 얘기하고, 함께 식사도 하고, 함께 문화탐구도 하면서 우리 문화재를 지키고 싶습니다.

나에게는 꿈이 있습니다.

저는 통일이 되었을 때 북한에 있는 문화재를 연구, 관리해 지키며 세계에 알리고 싶습니다. 또한 세계 여러 나라에 퍼져 있는 우리의 잃어버린 문화재를 찾고 싶습니다. 그리고 그것들을 잘 지켜주고 싶습니다.

나간다. 이렇게 1학기가 채 지나기 전에 자기소개서의 가장 중요한 핵심항목을 해결하는 것이다.

"이 학교의, 이 학과를, 지원하는 동기를, 자신의 꿈과 관련해 설명하

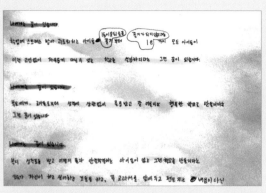

1학년 류수환 군의 사명선언서

나에게는 꿈이 있습니다.
학업 스트레스로 괴로워하는 아이들, 1등이 못 되어 슬픈 꼴찌부터 꼴찌가 되지 않으려는 1등까지, 모든 아이들이 이런 고민 없이 자유롭게 다닐 수 있는 그런 학교를 설립하리라는 꿈이 있습니다.

나에게는 꿈이 있습니다.
부모에게, 교사들에게 성적에 상관없이 존중받고 잘 어울리는 행복한 학교를 만들고 싶은 그런 꿈이 있습니다.

나에게는 꿈이 있습니다.
성적표를 받고 어쩔 줄 몰라 안절부절못하는 아이들이 없는, 그런 학교를 만들고 싶은 꿈이 있습니다. 모두가 자신이 하고 싶어 하는 것들을 하고, 꼭 교과서를 앞에 두고 펜을 쥐는 배움이 아닌, 즐거운 배움을 주는 그런 학교를 만들고 싶습니다.

고, 입학 이후에 어떻게 공부할 것인지 계획을 기술하시오."
1차 진로 페스티벌에서는 꿈을 가지게 된 동기 차원에서 자기발견을 하고, 2차 진로 페스티벌에서는 그 꿈을 어떻게 실현할 것인지 구체

순서	유형	키워드
1	어린 시절 꿈을 중심으로 자신이 소망하던 바를 이루기 위해 지원한 경우	꿈
2	책이나 대중 매체를 통해 얻은 지적인 호기심과 관심이 학과를 결정한 경우	책과 매체
3	부모님이나 주변인 또는 유명인사들에게 영향을 받은 경우	사람 영향
4	고교 생활 중 자신의 장점이나 강점을 발견해 이를 발전시킬 수 있다고 판단되는 학과를 선택하는 경우	자기발견
5	사회현실이나 문제에 대한 발견과 이를 해결하고자 하는 의지로 지원하는 경우	사회인식
6	관심 있는 직업에 대한 탐구를 통해 유용한 학과를 선정하는 경우	직업탐구
7	특정 학문 자체에 대한 탐구를 위해 지원한 경우	학문 열정
8	우연한 사건을 통해 인식의 변화나 사고의 전환이 생기면서 학과를 선택한 경우	사건 계기

1학년 자기소개서 중 지원동기 유형

순서	유형	키워드
1	부모님의 교육방식이나 가족관계 영향으로 인한 가치관 형성	가족 – 가치관
2	어려운 가정환경에도 굴하지 않고 열심히 살아온 본인의 근성	극복 – 근성
3	교우관계나 주변인을 통한 사회성과 리더십 배양	관계 – 리더십
4	학업 성취도에 대한 본인의 노력	노력 – 학업
5	새로운 경험을 통한 자아 재발견	경험 – 자아발견

1학년 자기소개서 중 환경 유형

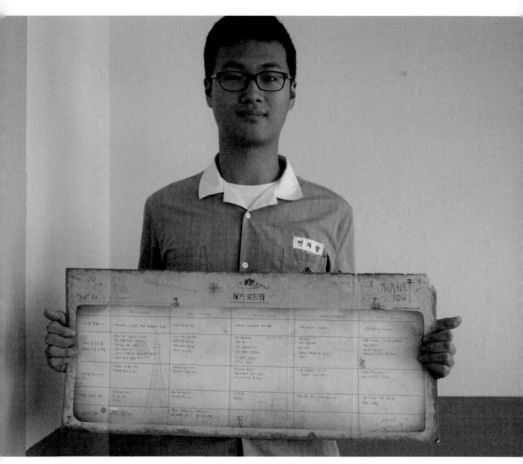

1학년 연치형 군의 과학자의 인생이 담긴 장기로드맵

순서	제목	내용
레크리에이션	무대점령 페스티벌	조별 멘토와 멘티 리듬박스 경연대회
내 인생의 미래 자서전	희망직업 롤모델 지식나눔	1회 진로 페스티벌 이후 진로정보 축적
	커리어 포트폴리오	진로의 모든 과정을 축적하는 프로세스
	내 인생의 버킷 리스트	진로과정에서 열정을 지속하는 꿈 목록
	마법의 문장	비전, 사명, 소명의 구분과 사명선언서
오량인! 인생을 디자인하다	나의 미래이력서	사실 정보에 근거한 미래 계획서
	나의 인생시나리오	계획에 스토리를 입힌 시나리오 작성
	내 인생의 장기로드맵	'꿈'을 '계획'으로 바꾸는 로드맵 제작
꿈의 관문 맛보기	대학생 멘토와의 솔직토크	진로를 진학과 연결시킨 리얼 스토리
	대입 자기소개서	자기소개서의 형식과 내용 전략
꿈데이 과제	장기로드맵 완성	꿈데이, 로드맵 교실에 게시하기
	진로체험	대학 탐방을 포함한 진로체험과 결과

2차 진로 페스티벌 '세계발견'

적인 계획이 담긴 로드맵을 체계화한다. 아울러 자신의 꿈을 세상의 사명과 시대적 소명으로 어떻게 펼칠 것인지 충분히 고민한다.

진로 페스티벌을 그야말로 축제처럼 즐기지만, 그 속에서 이들은 최적의 입시준비를 하고 있는 것이다.

학생들은 진로 페스티벌의 내용을 중심으로 자신만의 자기소개서를 작성할 수 있게 된다. 그 과정에서 형식적인 부분에 대해 학생들은 질문을 하고, 대학생 멘토의 도움을 받으면서 초기 자기소개서를 작성한다. "나의 꿈을 찾은 것도 의미 있지만, 마지막 자기소개서 강의가 더욱 마음에 와 닿았어요. 새로운 세상에 눈을 뜬 것 같아요. 진로 페스티벌을 통해 꿈을 찾아가는 모든 과정이 자기소개서의 핵심내용이 된다고 하니 뿌듯해요. 그냥 즐겁기만 한 게 아니라, 매우 의미 있는 시간이었다는 생각이 들어요.

그리고 '2+2'가 머릿속에 콱 박혔어요. 먼저 중요한 두 가지는 '일관성'과 '진실성'이라고 배웠어요. 많은 내용이 필요한 것이 아니라, '일관성' 있게 꿈을 향해 가는 노력을 담으라는 것과, 또한 화려함보다는 오히려 '진실성'이 더욱 중요하다는 사실을 깨달았어요. 다음으로 중요한 두 가지는 '경험'에 근거한 '과정'을 담으라는 것이었어요. 경험과 과정을 위해 특별한 무엇인가를 해야 하는 부담을 버리고, 학교를 믿고 학교 중심으로 노력하다 보면 자연스럽게 학생생활기록부의 16개 항목이 채워지고, 그것이 바로 나의 역사가 된다는 거잖아요. 저 설명 잘했죠!"

연치형 군의 설명이다. 그는 2차시 진로 페스티벌에서 자신의 장기로 드맵을 스크린에 띄워 놓고 400여 명의 동기들 앞에서 프레젠테이션을 했다. 마치 무대 위의 강사처럼 포인터 레이저를 쏘아 가며 화면에 가득 찬 자신의 로드맵을 브리핑했다.

꿈과의 스킨십

"믿기 어려우시겠지만, 솔직히 말씀드리면 방학이 끝날 무렵 개학이 기다려졌어요. 진짜예요!"

1학년 황규빈 군의 말이 농담처럼 들리기도 하겠지만, 그래도 진담이 묻어나는 이유가 있다. 그것은 바로 개학 이후 3차 진로 페스티벌이 있기 때문이다. 3차 페스티벌의 콘셉트는 '꿈과의 만남'으로, 꿈을 이룬 롤모델과의 만남이 기다리고 있다. 그래서 개학이 기다려지는 것이다.

'오량인 축제'를 찾은 선배 멘토들

대전대신고는 진로 페스티벌 이외에도 매년 걸출한 동문 롤모델들을 초청해 후배들과의 만남을 이어가고 있다. 권중영 검사(8회), 양태규 교수(5회), 김길수 교수(7회), 이재선 국회의원(1회), 정용남 교수(15회), 김대영 파워블로거(11회), 채창원 대표(4회) 등 대전대신고가 배출한 각계각층의 리더들을 분기별로 초청해 멘토링을 진행하고 있다.

선배들은 후배들과의 멘토링 일정이 잡히면 큰일이 없는 한, 매년 꼬박꼬박 모교를 찾는다. 그만큼 학교에 대한 애정이 깊다는 것이다.

순서	제목	내용
방학 피드백	대학탐방 및 진로체험	방학 중에 진로 관련 경험 및 결과 소개
꿈을 이룬 직업인 토크 콘서트	직업인 강연	롤모델의 리얼 스토리 전체 학생 강연
	질문 토크쇼	포스트잇 질문과 인터뷰 답변
	기념 남기기	직업인과의 만남 결과 기록
꿈을 이룬 사람 선택강의 1부	롤모델 강연	롤모델의 리얼 스토리 선택 강연
	파워 인터뷰	개념 질문과 진로 관련 궁금증 해소하기
	롤모델과 추억 남기기	격려의 조언 듣기, 사진 촬영
꿈을 이룬 사람 선택강의 2부	롤모델 강연	롤모델의 리얼 스토리 선택 강연
	파워 인터뷰	개념 질문과 진로 관련 궁금증 해소하기
	롤모델과 추억 남기기	격려의 조언듣기, 사진 촬영
커리어 포트폴리오	포트폴리오 기획서 제작	포트폴리오의 형식결정. 내용 구성
	대학목표와 학업계획서	희망 대학 프로파일과 공부 계획 수립

3차 진로 페스티벌 '꿈과의 만남'

또 '오량인 축제' 때에도 선배들은 학교를 찾아 후배들과 함께 어울린다. 이때는 대학생 선배들이 주축이 되어 행사를 진행한다. 자신들이 학생일 때 선배들이 그렇게 찾아와 격려했기에, 현재의 자신들이 있다고 믿는다. 모교 방문을 즐기는 선배들의 문화가 바로 현재의 대전대신고를 만드는 단단한 밑거름이 되고 있는 것인지 모른다.

3회기 진로 페스티벌은 전체가 롤모델과의 만남으로 구성된다.
보다 엄밀히 말하면, 대학을 졸업하고 꿈의 한복판에서 그 꿈을 펼치고 있는 직업인을 만나보는 시간을 갖는 것이다. 학생들은 이미 사전에 자신이 만나고 싶은 직업인을 1지망과 2지망으로 적어 낸 상태이

구분	강의를 잘 듣고, 메모할 수 있는 '궁금증 목록'
현재의 직업 관련	1. 현재의 직업에 만족하고 있을까 2. 일을 하면서 행복한 순간, 보람된 순간은 언제일까 3. 일을 하면서 어려운 순간은 언제일까 4. 매일 직장생활이, 정말 꿈꾸던 머릿속 그림과 일치할까
꿈을 이루는 과정	5. 처음 꿈을 가지게 된 계기는 무엇이었을까 6. 누구를 롤모델로 삼고 준비를 했을까 7. 초등학생 때는 어떤 준비를 했을까 8. 공부를 잘 했을까 9. 직업을 이루기까지 어려움은 없었을까 10. 그 어려움을 어떻게 극복했을까 11. 현재에 이르기까지 어떤 구체적인 과정을 거쳤을까 12. 중학교, 고등학교, 대학, 학과 선정은 어떻게 했을까 13. 머릿속 직업에 대해 확신이 흔들릴 때는 어찌했을까
지금 이후의 미래	14. 이 직업을 통해 더 이루고 싶은 비전이 있을까 15. 더 발전하기 위해 어떤 노력을 하고 있을까 16. 직업의 비전을 통해 이루고 싶은 미션은 무엇일까 17. 일을 하면서 이루고 싶은 꿈의 목록이 있을까
나에게 적용	18. 그렇다면 나는 지금 무엇을 준비해야 할까 19. 그 꿈을 이루기 위해 대학을 꼭 가야 할까 20. 그 꿈을 이루기 위해 지금 공부가 꼭 필요할까 21. 꿈을 이루기 위해, 꼭 익혀야 할 좋은 습관은 무엇일까

다. 교사는 학생들이 만나고 싶은 희망직업을 종합해 최종 초청할 롤모델을 결정하게 된다.

롤모델과의 만남에서 학생들이 가장 신경 써야 하는 부분은 바로 '질문'이다. 10명 이상의 롤모델이 학교를 방문해 각각 두 번의 강연을 펼치게 되는데, 각 강연마다 만나는 학생들이 20명가량이다. 그런데 20여 명의 필요를 모두 채우는 것은 매우 어려운 일이다. 따라서 일반적인 강연이 끝난 이후에 학생들의 질문을 통해 알고 싶은 것들을

유형	질문 유형	진로 질문 예시
What	수렴하는 질문	당신의 꿈은 무엇입니까?
Who	관계를 묻는 질문	가장 영향을 준 사람은 누구입니까?
How	과정을 묻는 질문	꿈을 위해 어떤 노력을 하고 있습니까? 어떻게 그 꿈을 이루었습니까? 어떤 계기가 있어서 그 꿈을 꾸었죠?
But	날카롭게 파고드는 질문 이유를 묻는 질문	왜 그 꿈을 꾸게 되었죠? 그렇게 확신하는 이유가 무엇입니까? 하지만 잘 이해가 되지 않는데요? 하지만 다른 방법은 없나요?
If	만약의 가정 상황으로 확장하는 질문	만약 이 꿈을 이루지 않았다면 지금 무엇을 하고 있었을까요?

얻는 것이 중요하다. 그렇기 때문에 이 과정에서 학생들은 기본적인 다섯 가지 질문의 유형에 따라 미리 질문을 적어서 선택강의에 참여하게 된다. 이때 미리 준비한 질문이 있지만 막상 강연 중에 질문이 자연스럽게 해소가 되는 경우도 있다. 따라서 강연장에서 질문을 생각해 내야 할 상황이 발생하기도 한다.

대체적으로 학생들은 두 가지 질문지를 가지고, 두 명의 롤모델을 1시간 단위로 만나게 된다. 롤모델의 강연을 들을 때 최적의 집중 방법은 질문을 품고 듣는 것이다. 그리고 이 질문의 흐름은 곧 강연의 흐름과 잘 맞아떨어져야 한다. 강연 그 자체가 자신이 준비해 간 질문에 대한 답변이라면 더욱 좋을 것이다.

그 다음으로, 강연장에서 추가로 할 수 있는 질문의 유형들이다. 이 경우에는 현장의 상황에 따라 질문을 만들어야 하기 때문에 유형을 아는 것이 중요하다. 이미 학생들은 다섯 가지 질문 유형에 대해 충분히 학습이 되어 있는 상태이다.

롤모델과의 만남은 학생들에게 분명 잊지 못할 추억이 될 것이다. 문제는 그 다음 순서이다. 1학년 학생들은 이미 자신의 '꿈'을 '직업'으로 풀어서 설명이 가능한 수준들이다. 그리고 그 '직업'을 '비전'과 '사명'으로 구분해, 세상을 위해 해야 할 역할을 이해하고 있다. 또한 그 꿈을 이루기 위해서 가장 중요한 관문이 '대학'이라는 것도 인정하며, 자신이 희망하는 '학과'와 '대학'을 중심으로 몇 개의 목표도 정해 이미 정보를 축적해 오고 있다. 방학을 이용해 대학탐방을 하기도 하고, 꿈데이를 통해 진로를 준비하는 모든 과정을 담임교사 및 친구들과 공유도 하고 있으며, 온라인상에 블로그를 개설해 차곡차곡 정보를 축적하기도 한다.

3차 진로 페스티벌을 마무리하면서 학생들은 1년 동안의 진로 페스티벌과 꿈데이를 통해 준비된 모든 내용을 정리하고 발표를 준비하게 된다. 마지막 활동은 바로 그 발표를 위한 '기획'을 하는 것이다. 우선 자신이 활용할 수 있는 소스가 어느 정도 있는지 한눈에 확인할 필요가 있다.

학생들은 진로 페스티벌 3차까지 진행한 내용을 결과물 중심으로 다시 한 번 정리한다. 그 과정에 실제 자신이 만든 결과물을 잘 보관하고 있는지 확인한다.

그런 다음에는 각 결과물의 수준과 상태를 확인해서 수정할 것과 그대로 쓸 수 있는 양호한 것을 구분한다. 그리고 그 내용을 결과물에

구분	주제	설명	결과물 형태	유무	만족도
자기발견	직업흥미 검사	커리어넷 사전검사	별도 프로파일	●	○
	직업적성 검사	커리어넷 사전검사	별도 프로파일	●	△
	직업가치 검사	커리어넷 사전검사	별도 프로파일	●	○
	진로성숙도 검사	커리어넷 사전검사	별도 프로파일	●	△
	다중지능 검사	강점지능과 직업군	워크북 기록	●	△
	성향 검사	성격유형과 직업군	워크북 기록	●	○
	스트롱 검사	직업적성과 직업군	별도 프로파일	●	○
	직업카드	나의 희망직업 정보	카드제작	●	○
세계발견	버킷리스트	평생의 꿈 목록	워크북 기록	●	△
	사명선언서	비전과 미션 역할	워크북 기록	●	○
	인생 시나리오	꿈을 이루는 과정	별도 용지기록	●	○
	장기로드맵	꿈을 계획으로 전환	별도 용지기록	●	△
진로관리	자기소개서	지원동기,환경,경험	별도 용지기록	●	△
	진로체험 결과	방학 중 진로경험	사진 및 증빙	●	○
	목표대학 정보	대학 입시 전형	별도 출력자료	●	△
	롤모델 만남	인터뷰 메모와 소감	워크북 기록	●	○
	공부계획	전형에 따른 수준	워크북 기록	●	△
	진로 블로그	과정 정보 축적	온라인 자료	●	△

진로 페스티벌 결과물 일람표

대한 만족도에 ○, △로 표시한다.

학생들은 진로 페스티벌의 전체 내용을 한눈에 파악하고, 그 과정을 통해 자신이 얼마나 성장하고 있는지를 깨닫게 된다. 그리고 그 내용을 다듬어서 마지막 페스티벌에서의 멋진 콘서트를 준비하게 된다.

세상에 너를 소리쳐 봐!

대전대신고의 1학년 2학기 가을은 타 학교의 분위기와는 조금 색다르다. 공부도 공부지만 마지막 진로 페스티벌 준비로 열기가 뜨겁게 달아오른다. 그간 진행되었던 진로 페스티벌의 내용을 바탕으로 진로 포트폴리오 가상면접을 한다. 이미 마지막 꿈데이를 통해, 입학사정관제 면접 리허설을 진행했으며, 그 장면을 비디오로 촬영해 피드백을 한 상태이다. 대전대신고 1학년 학생들은 일반 고3 학생들도 하지

구분	기준
호감도	옷과 사람, 분위기에서 긍정적인 에너지가 느껴지는가
	발표할 때의 표정에서 여유와 친밀감이 느껴지는가
	목소리의 톤과 음색에서 주의를 집중시키는 매력이 있는가
자신감	발표할 때의 눈빛에서 충분한 자신감이 느껴지는가
	시선을 적절히 분산하면서 청중과의 아이컨텍(눈맞춤)을 하는가
	과도하지 않은 적절한 제스처를 통해 자신감을 보여주는가
전달력	전달하고자 하는 핵심이 무엇인지 충분히 어필이 되었는가
	주어진 시간제한 안에 충분히 내용을 전달했는가
	오프닝 내용이 참신하며 주의를 집중시켰는가
	클로징의 내용이 인상적인 이미지를 남겼는가
	자신의 강점과 가능성을 명확하게 각인시켰는가
결정력	내가 면접관이라면 꼭 뽑아서 함께 공부하고 싶은 사람인가
	존재 그 자체에서 긍정의 에너지가 뿜어나고 있는가
	합격점을 주어서 꼭 면접과정까지 가서 더 알고 싶은 사람인가
	사람 됨과 학업능력의 균형을 갖춘 학생으로 보이는가

않는 면접 시뮬레이션을 하며, 그 과정을 촬영한 영상을 보기도 하면서 자신의 표현력을 세부적으로 점검하기도 한다.

꿈데이를 통해 진행되는 모의면접 시뮬레이션은 각 반에서 조를 나눠서 진행한다. 여러 면접관 앞에서 한 명이 발표하는 모형으로 좌석을 배치한 다음, 발표자가 나와 자신의 입학동기를 말하면 나머지 학생들이 면접관의 입장에서 그 친구의 발표를 평가하는 것이다. 발표를 하기

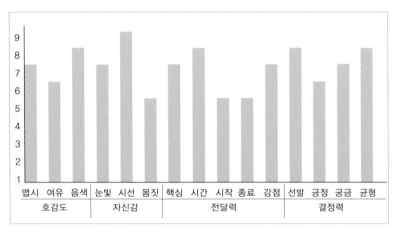

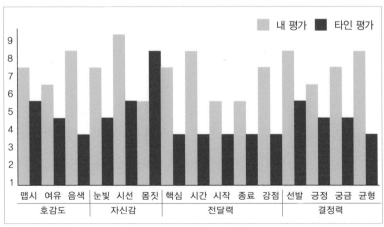

전에 먼저 스스로가 15개의 항목에 대해서 자가평가를 해 보게 된다. 각 항목의 자가평가한 내용을 그래프로 그려 보면, 평상시 자신의 표현력에 대한 자신감의 정도가 한눈에 보인다. 학생마다 개별 차이는 있지만, 전반적으로 자존감이 낮은 친구들은 모든 항목이 낮고, 또 반대로 대책 없이 긍정적인 경우도 있다.

조별 모의면접 시뮬레이션은 각 발표 장면을 스마트폰으로 촬영해, 그 영상을 담당교사의 노트북으로 전송시킨다. 매우 복잡할 것처럼 보이는 시뮬레이션이지만, 이는 사전 시뮬레이션이므로 사전 정보 없이 한 사람에게 1분 정도를 주고 바로 발표하고 촬영에 들어가는 것이다. 발표가 끝나면 면접관 역할을 한 친구들이 15개 항목에 대해 10점 척도의 점수를 기록하고, 각 학생별로 점수표를 모아준다. 학생들은 자신의 이름으로 받은 점수를 평균을 내어 자가평가 그래프의 옆 칸에 다른 색의 그래프를 그린다. 이때 대책 없이 스스로에게 후한 점수를 주었던 학생들은 친구들의 냉정한 평가를 통해 자신의 부족한 부분을 보게 된다. 물론 반대의 경우도 가능하다. 자신감이 부족했던 친구가 친구들의 평가를 통해 자신감을 찾기도 한다.

각 학생의 발표 장면을 촬영한 영상은 교사가 피드백을 해 주고 다시 학생들에게 돌려준다. 학생들은 영상을 보고, 교사의 피드백과 친구들의 피드백을 종합해 4회 진로 페스티벌을 준비한다. 페스티벌에서의 가상면접은 매우 긴장된 분위기에서 진행되기 때문에 더욱더 치밀하게 준비해야 한다. 가장 신경 써야 할 부분은 바로 1분 자기소개이다. 날카로운 질문들이 쏟아지기 때문이다. 1분 자기소개에서는 진로

페스티벌의 모든 과정을 여덟 가지 단계로 간단하게 구성한 답변이
요구된다.

단계		생각의 내용	실제 준비
미래	1단계	공부하는 이유	아이들에게 지식 나눔
	2단계	구체적으로 돕고 싶은 위치	초등학교, 낙후된 지역
	3단계	그 역할에 이르기 위해 가져야 할 직업	교사
	4단계	교사가 되기 위해 거쳐야 할 진학 목표	서울교육대학교
현재	5단계	진학을 위해 갖추어야 할 준비 1(공부)	내신 성적 관리 특히 나에게 약한 수학, 과학
	6단계	진학을 위해 갖추어야 할 준비 2(습관)	신문, 뉴스와 친해지기 시간관리 습관 일기 쓰기
	7단계	진학을 위해 갖추어야 할 준비 3(경험)	봉사 동아리 방학 때 교대 탐방 선생님 인터뷰
	8단계	진학을 위해 갖추어야 할 준비 3(지식)	교대 전형 요소 확인 독서를 통한 배경지식

1학년 최국현 군의 자기소개 핵심단계

마지막 진로 페스티벌은 일명 '포트폴리오 콘서트'이다. 1년 동안 진
로 페스티벌 현장을 담은 영상들과 작품들이 전시된다. 각 페스티벌
과 꿈데이의 우수한 작품들이 전시되고 무대에는 그 중 최고의 친구
들이 올라가게 된다.

우선 첫 번째 순서는 진로포트폴리오 가상면접이다. 꿈데이 때의 시
뮬레이션과는 달리, 페스티벌에서는 1분 자기소개 이후에 면접관들

단계		생각의 내용	실제 준비
미래	1단계	공부하는 이유	세상을 치료하는 삶
	2단계	구체적으로 돕고 싶은 위치	세계보건기구
	3단계	그 역할에 이르기 위해 가져야 할 직업	의사
	4단계	의사가 되기 위해 거쳐야 할 진학 목표	프린스턴 의대
현재	5단계	진학을 위해 갖추어야 할 준비 1(공부)	꾸준한 내신 관리 수학, 과학 유학을 위한 영어
	6단계	진학을 위해 갖추어야 할 준비 2(습관)	시간관리 습관 예습과 복습 습관 영어 단어, 듣기 훈련
	7단계	진학을 위해 갖추어야 할 준비 3(경험)	지속적인 봉사 동아리 방학 때 외국대학 탐방
	8단계	진학을 위해 갖추어야 할 준비 3(지식)	외국대학의 입학 자료 롤모델에 대한 독서 세계 문화 이해 독서

1학년 우현석 군의 자기소개 핵심단계

1분 자기소개 영역별 질문

🔵 기본질문

- 자신의 장단점을 말해 보시오
- 생활신조 및 좌우명을 말해 보시오
- 존경하는 인물을 말해 보시오
- 자신을 어필할 수 있는 형용사를 넣어서 자기소개를 해 보시오
- 본인 인생의 최대 목표는 무엇이고, 그 목표를 설정한 이유를 말해 보시오
- 가장 기억에 남는 책을 말해 보시오

- 가장 최근에 읽은 책은 말해 보시오
- 감명 깊게 읽은 책 중 인용할 만한 구절을 말해 보시오
- 자신이 가지고 있는 창의적인 면에 대해 설명해 보시오
- 자신에게 가장 소중한 것은 무엇이라고 생각합니까?
- 살아오면서 인상 깊었던 경험을 말해 보시오
- 지금까지 살아오면서 좌절했던 경험은 무엇입니까?
- 자신을 어떤 사람이라고 생각합니까?
- 평상시 고민이 생겼을 때 어떤 방법으로 해결하는지 말해 보시오

◑ 학생부 관련 질문
- 출신 고등학교의 특징과 자랑거리를 말해 보시오
- 고등학교 생활에 대해서 말해 보시오
- 고등학교 때 좋아했던 과목과 싫어했던 과목은 무엇인가
- 고등학교 생활에서 가장 아쉬운 점이 있다면 무엇인가
- 지원자의 진정한 스승은 누구이며, 그 이유는 무엇인가
- 학교의 이름이 지닌 뜻에 대해서 설명해 보시오
- 학생회 임원활동을 하면서 어떻게 리더십을 발휘하였는가
- 봉사활동을 하게 된 동기는 무엇인가
- 자원봉사 활동을 통해 알게 된 본인의 장점은 무엇이며 단점은 무엇인가
- 자원봉사 활동을 통해 자신이 얻은 소중한 경험은 무엇인가

◑ 도덕성 소양 질문
- 절친한 친구가 교실에서 물건을 훔치는 것을 보았다면?
- 현대사회에서 가장 중요한 덕목은 무엇인가
- 사회 지도층 인사의 도덕성의 중요성에 대해 말해 보시오
- 기업의 윤리의식에 관해 설명해 보시오
- 목표달성과 선행이 상충될 때는 어떻게 해야 하는가
- 차이와 차별은 어떻게 다른가

- 부모님께 효도하는 생활이란 무엇인가
- 현대사회에서 경로사상이 가지는 의미는 무엇인가
- 우리 국민들의 준법의식을 평가해 보시오
- 남에게 피해가 가지 않는다면 마음대로 행동해도 된다고 생각하는가

● 사회문제 인식 및 해결
- 우리 사회의 다문화가정이 겪을 수 있는 어려움과 그 해결방안은?
- 청년실업의 원인에 대해 설명하시오
- 빈부격차의 원인에 대해 설명하시오
- 배춧값 인상의 원인은 무엇이라고 생각하는가
- 전기료, 가스요금, 버스비 등 공공요금의 인상에 대한 자신의 생각은?
- 통일의 조건과 의미에 대해 말해 보시오

● 글로벌 소양
- 한류를 이어가기 위해 어떤 대책들이 필요할까?
- FTA에 대해 설명하고, 세계화에 대해 설명하시오
- 한국적인 것과 세계적인 것의 차이는 무엇일까?
- 글로벌 시대를 살아가면서 필요하다고 생각하는 소양은?
- 글로벌 시대에서 한국인으로서의 정체성을 어떻게 지킬 것인가
- 한 국가 내에서 다민족이 함께 잘 살아가기 위해서는 어떻게 해야 하는가
- 한국은 이중국적을 허용하지 않고 있는데, 이에 대한 생각은?

● 창의적 상황 판단
- 맨홀 뚜껑의 모양은 어떤 모양이 가장 좋다고 생각하는가
- 뒤에 큰 산이 있는데 그 산의 부피를 구하는 방법을 설명하시오
- 친구와 사막 한 가운데 있다. 물통이 하나 있는데 이 물을 똑같이 나누려면?
- 한강대교에 하루 동안 지나가는 차량을 어떻게 계산할 수 있는가
- 1등과 2등의 차이점은 무엇이라고 생각하는가

- 최근에 본 영화가 있다면 말해 보고, 제목을 바꾼다면 무엇을 좋을까?
- 인간이 영원히 살 수 있다면 인간에게 가장 필요한 것은 무엇일까?
- 입학 후 선배들이 부당하게 본인이 원하지 않는 단체행동을 강요한다면 어떻게 할 것인가

○ 적성과 지원동기
- 학과를 지원한 동기를 말해 보시오
- 본인의 소질과 특기가 지원 학과와 어떤 관련이 있는지 말해 보시오
- 본인이 지원한 학과의 전공은 어떤 공부를 하는 곳인가
- 대학 진학 후 전공이 자신의 적성과 맞지 않을 경우 어떻게 할 것인가

○ 대학생활 설계와 미래포부
- 올바른 대학생활이란 무엇이라고 생각하는가
- 대학생활에서 가장 중요한 가치는 무엇이라고 생각하는가
- 고등학교 생활과 대학생활의 차이점은 무엇이라고 생각하는가
- 대학교육에서 전공이 얼마나 중요하다고 생각하는가
- 대학은 진리탐구에 주력해야 하는가, 실용적인 취업 위주교육에 주력해야 하는가
- 대학에 들어오면 가장 하고 싶은 일이 무엇인가
- 국비로 해외유학을 보내 준다면 어떤 공부를 하고 싶은가
- 20년 후 자신의 모습에 대해 말해 보시오
- 대학 졸업 후 어떻게 대학에서 배운 지식을 사회에 환원할 수 있는가
- 장래 희망을 구체적으로 이야기하고 이를 달성하기 위해 어떻게 할지 말해 보시오
- 졸업 후 진로계획에 대해서 말해 보시오

의 예리한 면접이 진행된다. 각 조별 대학생 멘토와 담임교사도 참여해 날카로운 질문을 던진다. 그리고 개인점수를 평가 내 최고의 학생을 선발하게 된다.

1분 자기소개를 발표할 때는, 면접관들이 영역별 질문 중에서 서로 겹치지 않는 내용으로 한 번씩 질문을 하고 평가를 한다. 이때 담임교사와 멘토는 2번의 질문이 가능하다.

1부 가상면접이 끝나면 최고의 면접 우승자를 시상한다. 이후에 바로 2차 진로 페스티벌부터 수차례 수정해 온 자기소개서 중에 베스트인 세 명의 내용을 전체 학생 앞에서 발표한다.

그러고 나면 4차 진로 페스티벌의 가장 중요한 하이라이트가 있다. 바로 진로 페스티벌을 통해 새롭게 발견한 미래의 자기 자신에게 보내는 편지를 타임캡슐에 넣어, 대전대신고 '드림에어리어'에 봉하는 기념행사이다. 10년 뒤에 타임캡슐을 개봉해 1학년 때 품었던 꿈들이 어떻게 실현되었는지 확인해 볼 것이다.

1학년 각 반 대표들은 반 친구들의 편지를 모아서 드림에어리어로 이동하고, 그곳에서 기념식 행사를 진행한다. 그리고 학생들은 스크린으로 실시간 보이는 영상을 통해 타임캡슐이 묻히는 기념식 행사에 동참을 한다.

대전대신고 '드림에어리어'는 백암관 뒤편 언덕에 위치하고 있다. 10년 뒤에 동문 기수별로 개봉 행사가 있을 것인데, 첫 번째 개봉은 2020년이다.

이렇게 1학년만을 위해 준비했던 1년 동안의 '진로 페스티벌'과 '꿈데이'는 마무리가 되고, 학생들의 손에는 1년간의 과정이 차곡차곡 정리된 바인더가 쥐어져 있다. 하지만 온라인상에는 여전히 진행 중인 진로 블로그가 있다. 이미 10번 정도의 수정을 거친 자기소개서도

타임캡슐 기념 매립행사를 위해 이동하는 1학년 각 반 대표들

있으며, 자신의 면접과정을 촬영한 영상 파일도 있다. 무엇보다도 중요한 것은 자신의 가슴

속에 선명한 '꿈'을 품게 되었다는 것이다. 그리고 이 모든 과정을 스스로 진행했다는 것이 중요하다. 그리고 더욱 감사한 것은 그 과정을 함께 하였던 동료들, 선배 멘토들, 그리고 영원한 지지자인 담임선생님이 옆에 함께 있다는 것이다.

순서	제목	내용
오프닝 공연	오량인 밴드	밴드 동아리의 축하 공연
진로 포트폴리오 가상면접	면접 리허설	조별로 2명씩 짝을 이루어 최종 리허설
	입학사정관 모의면접	1분 자기소개와 압박면접 시뮬레이션
	상호 평가 및 피드백	평가 및 상호 피드백
포트폴리오 콘서트	최고의 면접 우승자 시상	면접 우승자 파워 인터뷰
	최고의 자기소개서 발표	자기소개서 경진대회 우승자 시상, 발표
	최고의 블로그 발표	최고의 블로그 실시간 프레젠테이션
비전의 날 선포식	하이라이트 영상 상영	1년간의 진로 페스티벌 추억 여행
	나에게 쓰는 편지	10년 뒤 나에게 쓰는 편지
	타임캡슐 기념식	드림에어리어 타임캡슐 매립식
클로징	학부모 발표	1학년 학부모의 소감문 발표
	학생 발표	1학년 대표의 소감문 발표

4차 진로 페스티벌 '포트폴리오 콘서트'

학교와 선생님을 전적으로 신뢰합니다

"지난 1년의 진로 페스티벌을 모두 참여했어요. 학교가 학생들을 위해 얼마나 노력하는지 모두 지켜보았습니다. 사교육 없이 정말 가능하냐고 많은 엄마들이 말하는데, 저는 대전대신고에서 희망을 보았습니다. 저의 작은 바람이 있다면, 이같은 대전대신고의 노력이 대한민국의 모든 학교로 확산이 되었으면 좋겠어요."

1학년 하주명 군의 어머니는 진로 페스티벌 때마다 진로 페스티벌 전체 내용을 참관했다. 어머니는 처음엔 기대 반 의심 반으로 대전대신고에 자녀를 보냈지만, 이제는 이렇게 적극적으로 학교행사에 참여하게 되었다고 한다.
진로 페스티벌이 끝난 직후 주명 군의 어머니는 담임선생님과 진로상담 시간을 가졌다. 그런데 상담을 하면서 어머니는 작은 충격과 함께 감동을 받았다고 한다. 그것은 주명이를 위한 진로파일이 따로 관리되고 있다는 사실을 알았기 때문이다.

	진로성숙도	내용
1	진로 정체성	나는 나의 진로를 확신하는가?
2	자기 이해도	나는 진로를 찾기 위해, 나의 흥미, 재능, 성향, 적성 등을 살펴보았는가?
3	가족 일치도	나는 나의 진로에 대해 가족과 대화하고 있는가?
4	판단 합리성	나는 진로를 찾기 위해 자기탐색과 직업탐색을 동시에 추구하고 있는가?
5	진로 합리성	나의 진로와 관련된 타인의 의견을 수용하는가?
6	직업 이해도	나는 진로와 관련된 직업 정보를 다양하게 만나고 있는가?
7	정보 습득률	나는 진로와 관련된 정보를 나만의 방식으로 축적하고 있는가?

8	진로 지향성	나의 장기적인 진로를 위해 단기적인 목표를 세워 실천하고 있는가?
9	진로 준비도	나의 진로에 대해 구체적으로 준비하고 있는가?
10	진로 자율성	나는 진로를 찾는 과정을 스스로의 힘으로 주도하고 있는가?

"주명이의 진로성숙도를 측정해 현재까지의 추이를 비교해 보았습니다. 이것이 열 가지 진로성숙도의 항목인데요. 제가 하나씩 간단히 설명을 드리고 주명이의 그래 프를 보여드리겠습니다. 그래프는 제가 주명이의 진로활동 결과를 분석한 뒤에 주 명이와 세 번의 상담을 하고 작성한 것입니다."

늘 자신감이 없던 주명이의 항목별 특징을 그래프와 함께 설명해 줄 때 주명 어머 니는 연신 고개를 끄덕였다. 입학하기 전 주명이의 모습을 정확하게 짚어주고 있었 기 때문이다. 그리고 더욱 감사한 것은 모든 항목에서 달라진 주명이의 모습들이었 다. 선생님은 각각의 항목을 따로 설명하지 않고, 열 가지 항목이 어떻게 유기적으 로 영향을 주는지 친절하게 설명해 주었다.

"저는 학교와 선생님을 전적으로 신뢰합니다. 아마 저뿐 아니라 대전대신고에 자녀 를 보낸 모든 1학년 어머니들도 같은 생각일 거예요. 어떤 결과를 만들어 내서가 아니라, 그 과정에 대한 신뢰감이 들어요. 앞으로도 저는 더욱 열심히 학교와 선생 님을 지지할 거예요."

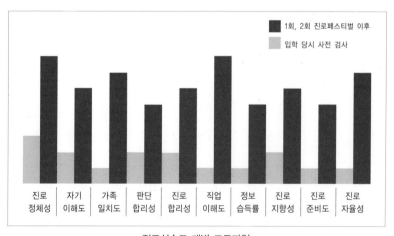

진로성숙도 개별 프로파일

자기주도학습 종결자

03

귀를 의심하다

"정말이에요? 그 정도였어요?
에이 설마……."
"사실입니다. 제가 직접 조사
를 진행하였고요. 통계가 말하
고 있어요."

"대전대신고가 그 정도라면 우리는 더 심각하겠죠?"
1학년 기획담당 고신우 교사는 학교혁명 원년부터 테스크포스 팀으로 활동했다. 그는 학교 성공사례를 발표하는 연수 현장에서 교사들에게 다소 충격적인 통계를 보여주었다. 대전대신고 학교혁명 초창기에 신입생들을 대상으로 조사한 내용이다.

조사 내용에는 10명 중 6명의 학생은 꿈을 가지고 있었고, 4명 정도는 꿈이 없었다. 그런데 꿈이 있다고 한 6명 중에서도 그 꿈에 대한 진로성숙도가 높은 학생은 2명에 불과했다. 결론적으로 20% 정도가 확실한 꿈을 가지고 있고 나머지는 그렇지 않다는 것이다. 대전대신고의 '학교혁명'은 바로 이런 상황에서 시작된 것이었다.

"아침에 일어나서 오늘 해야 할 일이 떠오르는 학생은 10명 중 4명입니다. 그리고 오늘 자신이 해야 할 공부와 다른 일들을 계획을 세워 실천하는 학생은 10명 중 2명에 불과했습니다. 결론적으로 10명 중 8명은 명확한 목표와 계획이 없는 상태로 하루를 보내다 잠자리에 든다는 것이죠."

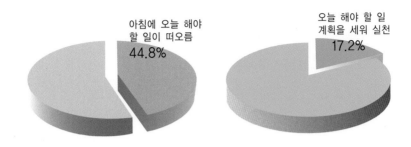

아침에 오늘 해야
할 일이 떠오름
44.8%

오늘 해야 할 일
계획을 세워 실천
17.2%

오늘 해야 할 일
계획을 세워 실천
17.2%

명확한 목표와 계획
없이 하루의 시간을 씀
82.8%

이러한 통계는 아마
현재 대한민국 청소
년들의 일반적인 현
상일 것이다.

대전대신고와 고신우 교사

는 바로 이러한 오래된 악습관과의 전쟁을 선포했다. 힘겨운 싸움은
예상했다. 물론 결론적으로 말하면 지금 현재의 이 학교 학생들은
그렇지 않다. 10명 중 9명이 하루의 계획을 세우고 학교생활을 시작
한다.

무슨 일이 벌어진 것일까, 도대체 무슨 짓을 한 것일까?
"20분이면 충분합니다. 전교생이 하루의 계획을 세우고, 그 계획에
대해 교사의 피드백을 받아 수정하는 데에 걸리는 시간은요."
연수에 참여한 일부 학교 부장들은 귀를 의심할 수밖에 없었다. 대전
대신고가 공부를 많이 하는 것은 알고 있었지만, 이런 특별한 시스템
으로 운영하고 있을 줄은 전혀 예상하지 못했다. 그런데 정말 이것이

가능한 것일까?

연수 이후 몇몇 학교 부장교사들이 의견을 모아 대전대신고를 탐방하기로 결정했다. 고신우 교사는 학교의 동의절차 이후 일정을 논의했다. 바로 그때부터 대전대신고의 학습시스템이 주변 학교에 알려지기 시작한 것이다.

나만의 플래너

음악이 흘러나온다. 일반 학교 시스템보다 20분 정도 이른 시각이다. 탐방교사들은 1학년 교실 복도에서 기웃거리고 있다. 이른 음악소리와 함께 학생들이 책상 안에서 뭔가를 꺼낸다.

"설마……."

무엇인지 예상은 하고 있었다. 학교마다 '학습플래너'를 만들어서 개학식 때 나눠주는 게 이미 교육 트랜드가 되었기 때문이다. 탐방교사들이 놀란 것은 플래너가 있느냐, 없느냐의 차원이 아니었다.

수업 전 플래너를 작성하는 모습

"믿을 수 없어요. 음악소리와 함께 학생들이 자동으로 플래너를 꺼내는 것을 제 눈으로 보았어요. 그리고 20분 동안 정말로 자신의

월간/주간/일간 한눈에 볼 수 있는 특수양식(실용신안등록)

하루 공부를 계획하더라고요. 15분 정도는 스스로 계획을 하고, 이후 교사의 지시에 옆에 있는 짝과 교환해서 서로 피드백을 해 주는데……그 자연스러운 모습에 놀라울 따름입니다. 우리 반 아이들은 아마 혼을 내도 저렇게 하지 않을 것 같은데 말입니다."

탐방에 참여한 김민욱 교사는 무엇보다 학생들의 모습에 스며든 그 '자연스러움'에 놀라워했다. 또한 이런 모든 것들을 학교 시스템에 반영해 전교생이 모두 참여하는 '운영방식'에 더욱 놀랐다고 한다.

탐방교사들은 학생들의 플래너를 직접 구경하기도 하고 이것저것 물어보기도 했다.

"우리 학교에는 다른 학교에 없는 두 가지가 있어요. 좀 더 정확히 말하자면 이상한 교과서 한 권이랑 바인더 한 권이죠. 바인더는 진로 바인더예요. 진로 페스티벌과 꿈데이를 하면서 진로 정보를 축적하는 거죠. 이상한 교과서는 이 플래너인데요. 하루 수업 시작하기 전에 모두가 함께 계획을 세워요. 처음에는 정말 귀찮고 힘들었는데 선생님들이 진짜 오랫동안 중요성을 강조하며 플래너 작성을 훈련시켰어요.

그런데 요즘은 제 자신이 조금씩 변화고 있다는 것을 느끼고 있어요.
이제는 습관처럼 자연스럽게 쓰고 있지요."

플래너가 처음 도입될 당시에는 일부 학생들만의 전유물이었다. 그런
데 학습 플래너를 제대로 사용하는 학생들에게서 놀라운 변화가 나오
기 시작한 것이다. 2005년에 플래너를 사용하기 시작한 학생들이
2006년부터 놀라운 변화를 경험하기 시작했다. 그러한 변화는 신문
에도 자주 소개되었다.

현재의 대전대신고 학생들은 전교생이 플래너를 쓰며 각자 스스로가
변화를 만들어가고 있다. 많은 학교들이 플래너를 만들어서 전교생에
게 나눠주고 있지만, 제대로 사용하는 학교는 매우 드문 게 사실이다.
고신우 교사의 사례발표를 듣고 탐방을 온 주변학교 교사들은 플래너
를 개인의 선택사항으로 두지 않고, 학교 그 자체의 시스템과 문화로
정착해야 변화가 가능하다는 것을 확인할 수 있었다.

그런데 몇몇 탐방교사는 대전대신고 학생들을 관찰하는 과정에서 플

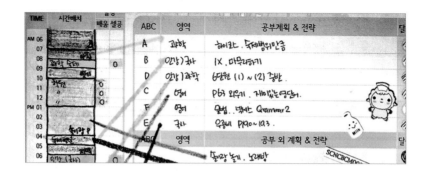

래너의 사용방법에 약간씩 차이가 있다는 것을 발견했다. 분명 형식은 똑같은데 매우 간단하고 단순하게 사용하는 학생들이 있고, 약간의 변화를 주어서 사용하는 학생들도 있었다.

"왼쪽의 칸은 시간계획을 블록으로 그린 거예요. 그 옆에 두 줄은 실행 칸인데 그냥 한 줄로 쓰기도 해요. 실행 칸이 둘로 나눠져 있는 것은 '배움'과 '셀공(자율공부)'을 구분하는 거예요. 한 마디로 '학(學)'과 '습(習)'을 구분하는 거죠."

배우는 것과 익히는 것을 구분한다는 말을 자연스럽게 하고 있는 대전대신고 1학년 학생들을 보며 탐방교사들은 고신우 교사를 쳐다보며 눈빛으로 대화를 나누는 것 같다.

'고 선생! 얼마나 교육을 시켰길래, 이렇게 아이들이 바뀐 거야?'

'말도 마요. 고생 많이 했어요. 신념이 필요해요. 신념이 있으면 가능합니다.'

일반적으로 아무리 계획을 근사하게 잡아도 계획표 따로 생활 따로인 경우가 많다. 그런데 플래너 안에 시간계획과 생활내용이 복잡한 선으로 연결되어 있는 것으로 보아, 실제 계획과 실천이 철저하게 연

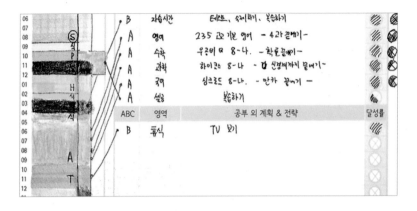

결되고 있다는 것을 알 수 있었다. 계획은 공부계획과 공부 이외의 계획으로 구분되어 있고, 특히 눈에 띄는 것은 공부계획의 내용에 구체적인 교재명, 단원명, 페이지 분량이 적혀 있다는 것이다. 거의 모든 학생들에게 이런 내용은 공통적인 것이었다. 각 계획마다 오른쪽에는 동그라미가 있는데, 아마 공부목표의 달성률을 표시해 놓은 것 같다. 그런데 어떤 학생의 플래너에는 달성률 옆에 동그라미가 하나 더 있었다. 원래 플래너 형식에는 없던 것을 학생이 그려 넣은 것이다. 왼쪽의 동그라미는 공부계획의 달성률을 의미하는 것이 분명한데, 오른쪽 동그라미는 무엇일까. 그리고 채워지는 양도 조금씩 다르다. 학생에게 물어보니 대답이 매우 간단했다.

"이거요? 이렇게 하는 친구들이 몇 명 있어요. 제가 제일 먼저 한 거예요. 원래 있던 동그라미에 공부계획 달성률을 적었는데, 시간이 지나다 보니 계획한 대로 분량을 잘 채우게 되더라고요. 그러니 재미가 없어졌어요. 또 하나 답답한 게 있었는데, 분명 계획한 시간 안에 목표했던 분량을 다 완성했는데 막상 같은 부분을 다시 보거나 다시 풀

오늘의 기록

오늘은 목표기상보다
1시간이 늦었다... 역시 일찍 자야
일찍 일어 날수있나! 그리고 오늘 나혼자
사회숙제를 다해왔다. 뿌듯했다. ^o^
언어와 수리나 대도 다읽고... 무엇보다 오늘은
계획한 일을 많이해서 불안감도 거의 없었다.
점점 나와의 약속을 지켜가는 변화가 있다.
내일부턴 시간을 좀(쪼~꼼) 느슨하게 조절해야지
~^♡^
S - 1시간 초과

● 오늘의 학습 키워드
● 아이디어
정보
일기

행동관리 목록	평가
1. 목표한 시간에 기상했나?	N
2. 아침에 계획 세우는 시간을 가졌나?	N
3. 수업시간에 집중하였나?	N
4. 오늘 배운 내용의 핵심을 설명할 수 있나?	N
5. 컴퓨터, 휴대폰을 잘 통제했나?	N
6. 스스로를 격려하는 시간이 있었나?	N
7. 다른 사람을 한 번 이상 칭찬하였나?	N

감성관리 목록	최하	보통	최상
1. 행복감		V	
2. 성취감			V
3. 친밀감			V

어볼 때는 기억이 나지 않는 경우가 많더라고요. 그래서 고민하다가 한 가지 결심을 했지요. 분량 달성률 옆에 내용에 대한 이해도 또는 만족도를 표시해서 체크를 따로 하기 시작한 거예요. 여기 보시면 아시겠지만, 영어는 분량 달성률이 100%인데, 내용의 이해도와 만족도는 75%인 거죠."

플래너의 형식을 스스로 만들어 가고 있다는 것이다. 매일의 공부계획과 실행 이외에 대전대신고 학생들의 플래너 속에는 '감성'이 들어 있었다. 자세히 보니 아래 페이지는 담임교사가 자기반 학생들을 위해 차별된 형식으로 짧은 글을 쓸 수 있게 편집해 놓았다. 그 난에 어떤 학생은 간단한 소감이나 일기를 썼다. 또 어떤 학생은 중요한 학습 내용을 포스트잇에 적어 붙이기도 했다.

오른쪽에는 행동관리 목록과 감성관리 목록이 있었다. 행동관리목록에는 목표한 시간에 일어났는지, 아침에 계획 세우는 시간을 가졌는지, 수업시간에는 집중했는지, 오늘 배운 내용의 핵심은 잘 설명할 수 있는지, 컴퓨터와 휴대폰은 잘 통제했는지, 스스로를 격려하는 시간

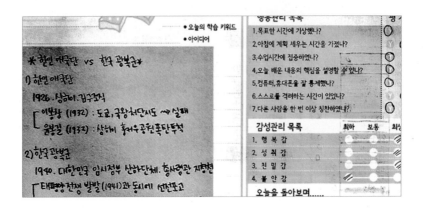

을 가졌는지, 다른 사람을 한 번 이상 칭찬하였는지 체크를 하고 있다. 체크하는 것 그 자체만으로도 그 기준이 자신의 삶의 기준으로 내면화되는 효과가 있는 작업이다.

감성관리 목록에는 행복감, 성취감, 친밀감, 불안감을 3개의 척도로 표시하게 되어 있다. 이러한 척도에 대해 고신우 교사는 이렇게 덧붙였다.

"멘토링을 한다는 것이 어떤 것인지 플래너를 함께 쓰면서 알게 되었습니다. 학생이 자신의 행동과 감성에 체크한 내용을 함께 나누게 되면, 그 이유를 자연스럽게 물을 수도 있어요.

이 과정에서 상대방도 자신과 같은 형식을 쓰고 있고, 상대방 역시 자신의 행동과 감성을 오픈한다면 서로 동질감이 생기겠죠. 그런 면에서 플래너는 정말 친절한 멘토링 도구이며 학생과 학생, 학생과 교사를 연결해 주는 매개가 됩니다."

너! 몇 퍼야?

대전대신고의 시간표에는 독특한 수업이 존재하는데 바로 금요일 9
교시 '주간 피드백 타임'이다. 일주일간의 생활을 돌아보고 격려하며
반성해서 다음 주를 계획하는 것이다. 이를 '전략 피드백 타임'이라
고도 한다.

학교혁명을 탐방 온 교사들은 일주일 중에 특정 시간대를 정해 관찰
했다. 탐방교사들이 탐방한 대전대신고의 학교혁명 프로그램은 다음
과 같다.

제목	운영원리	도구
일일플래닝 타임	매일 오전 8시~8시20분	학습 플래너
주간피드백 타임	금요일 9교시	학습 플래너
시험 플래닝	시험 3주 전	학습 플래너
시험 피드백	시험 직후	학습 플래너
방학 플래닝	방학 1주일 전	방학 플래너
수업 전 예습	수업 전 5분	지식축적 노트, 예복습 체크표
수업 중 질문	모든 수업 중 질문타임	지식축적 노트, 몰입수업 체크표
수업 중 기록	모든 수업	지식축적 노트
수업 직후 복습	모든 수업 이후 2분	예복습 체크표

완전 자기주도학습 시스템

주간피드백 타임 때 가장 먼저 하는 일은 달성률을 계산하는 것이다.
달성률의 계산원리는 매우 간단하다. '주간목표 셀공시간의 합'을
'주간실제 셀공시간의 합'으로 나누어서 백분율로 계산하면 된다. 그

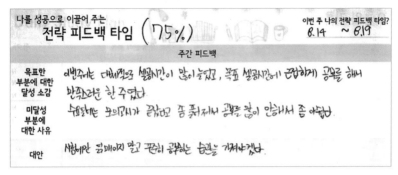

러면 그 주간의 셀공목표 달성률이 나오게 된다.

그런데 이 달성률 속에는 '완전 자기주도학습'의 비밀이 숨겨져 있다. 고신우 교사는 실제 사례를 설명해 주었다.

나란히 앉아서 함께 주간피드백 타임을 하는 두 친구가 있다. A라는 친구는 평상시에 공부를 열심히 하는 친구이고, B학생은 기복이 심한 친구이다.

"실제 위와 같은 일이 많이 벌어집니다. 공부 욕심을 부린 친구는 5시간을 공부하고도 목표치에 한참 못 미친 50% 달성률을 기록하고, 욕심을 부리지 않고 현실 가능한 목표를 기록한 친구는 짝꿍보다 적은 4시간을 공부하고 달성률을 80%로 기록하였어요. 결국 공부를 많이

구분	A학생	B학생
주간가용시간	12시간	12시간
주간셀공목표	10시간	5시간
주간실제셀공	5시간	4시간
주간달성률	50%	80%
만족도	5시간 공부하고도 실망	4시간 공부하고도 기쁨

구분	A학생	B학생
주간가용시간	12시간	12시간
주간셀공목표	7시간	6시간
주간실제셀공	6시간	5시간
주간달성률	86%	83%
결과	지난 주의 욕심을 버림 목표치를 낮추고 1시간 더 공부해 달성률이 높아지고 성취감을 느낌	지난 주의 성취감으로 용기를 냄 목표치를 1시간 높이고 1시간 더 공부해 달성률이 높아지고 또 성취감을 느낌

하고도 실망할 수 있고, 그 보다 적게 하고도 성취감을 느끼는 결과가 나오는 것이죠. 이 두 친구가 주간피드백 타임을 가진 뒤, 바로 다음 주 공부계획을 세웠어요. 어떻게 계획을 수정했을까요?"

놀라운 일이 벌어졌다. 그냥 스스로 시간 계산을 하고 짝꿍과 피드백을 했을 뿐이다. 그런데 스스로 변화를 만들어 냈다. 지난주에 과욕을 부려, 더 많은 공부를 하고도 실패감을 느꼈던 친구는 이번 주에 욕심을 버리고 목표시간에서 3시간을 내렸다. 그리고 실제 공부는 1시간을 더해 달성률이 86%로 올라섰다. 제대로 성취감을 느낀 것이다. 한편 지난주에 짝꿍보다 1시간 공부를 덜 하고도 달성률 80%을 찍었던

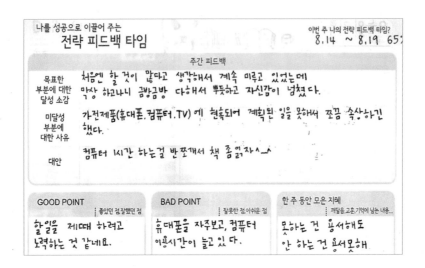

친구는 그 성취감의 여세를 몰아 이번 주에는 목표시간을 1시간 늘리고 공부도 1시간 더 했다. 그 결과 83%의 달성률을 기록했다.

순수하게 피드백을 통해서만 변화를 만들어 낸 결과이다. 자신의 시간을 자기 스스로 통제하는 것은 가장 위대한 사람들의 공통적인 특징이다. 대전대신고 1학년 학생들은 바로 그것을 지금 경험하고 있는 것이다.

주간피드백 타임에서는 달성률을 산출한 뒤에 달성에 대한 소감, 미달성의 이유, 그리고 다음 주의 개선할 점을 기록한다. 그리고 굿포인트와 배드포인트 그리고 한 주 동안의 지혜를 기록한다.

이상한 현수막

대전대신고를 둘러 보면 마치 대학교 캠퍼스 같은 느낌을 준다. 푸른

대전대신고 캠퍼스 전경

산자락에 자리 잡은 넓은 대지에 학교와 전교생이 들어갈 수 있는 기숙사, 운동장, 학생회관(Oryang Hall), 실내골프연습장, 옥외수영장, 자연체험학습장, 체육관(Baekahm Hall), 전통 예절 문화실, 기도실, 오량테라스(야외공연장) 등이 자연과 어우러져 대신 캠퍼스를 조성하고 있다.

그 중에 학생들이 가장 좋아하는 곳은 '철학자의 길'이다. 일명 '오량 둘레길'로 통한다. 정문에서부터 본관에 이르는 길이다. 계절이 바뀔 때마다 형형색색 옷을 갈아입는 자연의 변화를 고스란히 느끼며 등하

교를 할 수 있는 길이다. 학생들의 강인한 체력과 두꺼운 종아리는 바로이 길을 걸으면 생긴다고 한다.

학생들이 가장 좋아하는 '철학자의 길'

대신 캠퍼스를 찾았을 때 가장 먼저 눈에 띄는 것이 있다. 바로 정문이다. 대전대신고는 이 정문을 통해 학생들과 다양한 소통을 한다. 진로 페스티벌, 시험 플래닝, 방학 플래닝, 시험 피드백 등의 수많은 진로와 학습의 정보를 정문의 현수막을 통해 공유한다. 그래서 자연스럽게 친구들과 그 주제로 대화를 하면서 '철학자의 길'을 걷게 만든다. 최적의 하드웨어인 셈이다. 고등학교 때부터 이미 대학캠퍼스의 하드웨어를 경험하게 만드는 것이다.

모두 손을 들다

"이것이 정말 가능한 일일까?" 대전대신고에서는 종종 학교를 탐방하는 타 학교 교사들을 볼

수 있다. 이는 학교에 대한 입소문이 나면서부터이다. 학교의 이모저모를 관찰하는 탐방교사들이 가장 놀라는 것이 두 가지 있다면, 그 중하나가 전교생이 플래너를 통해 공부를 계획하는 문화이고, 두 번째가 바로 수업분위기이다. 수업 전-수업 중-수업 후가 한 호흡으로 이어지는 교실운영에 충격을 받는다. 그 중 최고의 장면은 바로 '질문형 발문형' 수업일 것이다.

대전 대신고등학교 자기주도 학습시스템

선진국형 자기주도형 교실 시스템	최상위 공부전략 페스티벌
자기주도학습 기반의 교실운영	매 학기 초, 나만의 1% 공부전략 설계
• 오전 플래닝, 주말 피드백	• 연2회 공부전략 페스티벌 실시
• 시험 플래닝, 시험 피드백	• 강력한 학습 동기부여
• 복습-예습-직후 복습 접목 수업	• 개인별 공부전략 수립
• 질문, 발문형 수업	• 대학생 멘토들의 1% 공부법 전수

대전대신고의 학생들은 수업을 위해 지켜야 할 기본 공식을 알고 있다. 바로 '몰입수업의 4원리'이다. 몰입수업의 4원리는 경청하기(Listening), 질문하기(Asking), 이해하기(Understanding), 설명하기(Answer)의 4단계를 모아서 만든 것이다. 이것은 수업의 주인공, 교실의 주인공이 되기 위한 대전대신고의 핵심원리이다.

수업은 모든 공부의 중심이다. 수업을 성공적으로 이끌어내지 못한다면, 그 어떤 공부로도 좋은 성과를 내기 힘들다. 대전대신고는 수업시 가장 신경 쓰는 부분으로 '깨어 있는 수업'으로 학생들을 집중시킨다는 것이다. 하지만 이것은 쉽지 않은 일이 아니다. 먼저 듣는 것이 우

제목	내용
경청하기	질문을 해소하는 마음으로 집중하기
질문하기	실제로 자신의 질문을 꺼내 수업 참여하기
이해하기	질문과 경청을 통해 내용 이해하기
설명하기	이해한 내용을 설명해 보면서 확인하기

몰입수업의 4단계

1학년 3반의 수업 장면. 일명 '질문타임'

선되어야 하는데 이게 말처럼 쉬운 일은 아니다. 이에 대한 솔루션으로 대전대신고가 시도한 것이 바로 '질문형 발문형' 수업이다.

"질문을 하나 이상 작성해서 수업에 들어가야 해요. 이게 규칙이에요. 우리 학교는 쓸데없는 규칙으로 저희를 힘들게 하지 않아요. 하지만 몇 가지 핵심 규칙은 반드시 지켜야 해요. 그 중에 하나가 수업 전에 질문을 작성해 한 번 이상 질문을 하는 거죠."

이렇게 얘기하는 1학년 허민수 군은 'as-King'으로 통한다. 수업 중에 질문을 가장 많이 하고, 또한 가장 높은 수준의 질문을 하는 것으로 유명하다. 이 학교에는 각 반마다 허민수 군과 같은 질문형 인재들이 많은데, 학교에서는 이런 학생들을 중점 관리하고 있다.

질문형 발문형 수업은 일반 학교에서는 상상할 수도 없는 수업 분위기이다. 대개의 학생들은 질문을 어려워하거나 심지어 질문을 두려워하기도 한다.

'나만 모르는 거 들통 나는 거 아냐.'라고 생각하기도 한다. 하지만 이 학교 학생들은 다르다. 예습을 통해 질문을 먼저 작성하고 수업에 들어와야 하며, 그 질문을 가능하면 꼭 하게 만드는 분위기를 만들었다. 그리고 노트에 질문을 적는 칸을 공통적으로 만들어 놓았다. 그러다 보니 대전대신고 교사들의 수업방식은 타 학교 수업방식과 다를 수밖에 없다. 이에 대해 고신우 교사는 이렇게 부연했다.

"질문을 받고 모르는 것을 해소해 주는 방식으로 수업을 진행합니다. 매우 간단한 질문부터 정말 수준 높은 질문까지 꼬리에 꼬리를 물어요. 학생들이 스스로 참여하는 수업을 만듭니다. 이러한 분위기를 만드는 데에 교사들이 오랜 시간 함께 노력해 주었죠."

에빙하우스, 울고 가다

"와! 쉬는 시간이다!"

수업이 끝나는 종이 울리자마자, 엎드려 자던 친구들까지 모두 일어나 복도와 매점으로 뛰어나간다. 이는 일반적인 학교의 쉬는 시간 풍경일 것이다. 그런데 대전대신고에서는 이런 풍경을 볼 수가 없다. 왜냐하면, 직후복습이 있기 때문이다. 수업이 종료되기 2분 전에 종이 울리지만, 종이 울린 후 쉬는 시간이 시작되는 것이 아니라 차분하게 배운 내용을 복습하는 시간이 자리 잡은 것이다.

"에빙하우스 할아버지 덕분이에요. 일단 한번 훑어요. 그냥 한번 스캔하는 느낌이죠. 그거면 충분해요. 수업 직후에 한 번, 그리고 집에 가서 과목별로 15분 정도 훑으면 배운 내용의 70%는 머리에 남아요. 그게 전부예요."

1학년 한철민 군은 귀가 따갑도록 에빙하우스 이야기를 들었다. 그래서 설명도 자연스럽게 나온다. 에빙하우스의 망각곡선 실험에 의하면 인간은 무언가를 배운 직후 망각이 시작되어 한 시간이 지나면 배운 것의 50%를 잊어버리고, 하루가 지나면 70%, 그리고 1개월이 지나면 약 80%를 잊어버린다고 한다.

인간의 건망증은 자연스럽고 당연한 것이다. 하지만 에빙하우스는 1개월이 지나도 100%를 다 잊어버리는 것이 아니라 20%나 기억하고

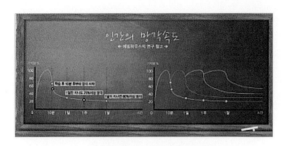

있다는 사실에 주
목했다. 에빙하우
스는 여러 실험을
통해 '반복하는 것'
의 효과는 같은 횟
수라면 한 번 종합해

에빙하우스의 망각곡선 실험

반복하는 것보다, 일정시간의 범위 내에 분산 반복하는 편이 훨씬 더
기억에 효과적이라는 사실을 알아냈다.

즉, 주기적으로 반복하는 것이 복습의 핵심이다. 학생들은 이것을 실
천하고 있다. 그리고 그것이 가능한 것은 직후복습을 학교의 교실운
영으로 받아들여 혁명에 가까운 시도를 했기 때문이다. 모두가 알고
있는 원리이지만 아무도 시도하지 않은 '직후복습'을 대전대신고는
시도했다. 이것이 차별화된 이 학교의 학교혁명 중의 하나일 것이다.

수준별 수업 후 쉬는 시간의 모습으로 수업 직후 바로 자리를 뜨지 않는 학생들

소문 듣고 왔어요

"그냥 공부를 많이 시키는 줄 알았어요. 입학 때에 비해 졸업할 때는 학생들이 완연히 달라진다는 말은 이미 많이 들었죠. 그런데 막상 학교 벤치마킹을 하기 위해 와서 보니, 저의 예상이 틀렸다는 것을 두 눈으로 확인했습니다."

대전의 강남이라 불리는 교육특구 둔산 지역에서 대전대신고 탐방에 나선 허성환 교사의 말이다. '뭐, 특별한 게 있겠어?' 하는 마음으로 왔는데, 뼛속까지 다른 무언가를 발견하였다는 것이다. 허 교사는 무엇보다 대전대신고의 수업분위기에 놀랐으며, '질문형 발문형' 수업을 교실의 문화로 만들어 버린 저력에 감탄하였다고 한다.

중간고사를 한 달 정도 앞둔 시점에 학교를 방문한 허 교사는 정문 위에 내걸린 '시험 플래닝 기간입니다'라는 문구를 보며 대신 캠퍼스의 '철학자의 길'을 걸어 올라왔고, 플래너 뒤편의 시험 플래닝과 시험 로드맵을 채우는 학생들의 모습을 보았다. 아침시간에는 모든 학생이 참여하는 일일 공부 계획을 눈으로 확인했다.

그리고 수업 전에 간단히 예습을 한 후, 노트의 'Asking Box'에 질문을 적고 수업에 임하고, 수업 중에 '질문타임'이 있어 경쟁적으로 질문을 하며 교사는 그 질문에 반응하는 방식으로 수업을 이끌어가는 모습을 '리얼스토리'로 볼 수 있었다. 수업 직후에 아무도 일어나지 않고 2분 정도 자리에 남아 배운 내용을 '스캔'하는 '직후 복습'이 실제로 이루어지는 것도 확인했다.

"1학년 기획담당 고신우 교사가 제 친구인데요. 저는 이 친구가 수년 전부터 '학교 혁명'을 위한 테스크포스(TF)에 참여한다는 이야기를 들었어요. 사실 마음속으로 크게 기대하지 않았습니다. 그런데 최근 학교사례 발표를 듣고 깜짝 놀랐어요. 정말 많은 노력을 했구나. 그리고 저 역시 한 가닥 희망을 가지게 되었습니다. 이것이 정말 가능하구나. 꿈의 교실을 만들 수 있겠구나. 그런 생각이 들었습니다."

인재상에 전부를 건 학교

04

오량인으로 통하다

"입학은 누구나 할 수 있습니다. 잠재력과 가능성이면 충분합니다. 하지만 졸업은 어렵습니다. 적어도 대전대신고에 입학한 학생이라면 '글로벌 인재'로 성장해야 졸업이 가능합니다."

대전대신고 이강년 이사장의 신념이다. 그를 만나는 사람들은 아주 잠깐 대화를 나누더라도 교육에 대한 열정을 넘어 어떤 '절박감의 철학'을 느낀다고 한다. 자신의 신념을 넘어 앞에 있는 상대방에게도 그 신념을 나눠주고자 하는 에너지가 있다는 것이다.

"학교 비전을 글로벌 리더 양성으로 잡았습니다. 인재상은 크게 세 가지입니다. 행복한 학교, 글로벌 학교, 그리고 기독교 정신에 바탕을 둔 사랑의 학교입니다."

이강년 이사장의 인재상은 박영진 교장 및 모든 교사들과 공유되어 있다. 세 가지로 나뉜 인재상은 한 가지의 핵심인재로 정리된다. 그것은 바로 '청지기적 글로벌 리더(SGL)'이다. 청지기적 글로벌 리더를 키우는 교육이란, 겸손한 성품과 올바른 가치관에 대한 성경적 세계관의 교육으로 인류 사회에 도움이 되는 진정한 Master(재능 중심의 인재), Leader(성품 중심의 인재)가 되기 위해 필요한 섬김, 배려, 봉사의 성품을 가르치는 교육을 말한다. 이 과정에서 이강년 이사장이 또 하나 강조하는 것이 '인성교육'이다. 재능을 발견해 '인재'가 되더라도 '인성'을 갖추지 못하면 절대로 '리더'가 될 수 없다는 신념에서 비롯된 것이다.

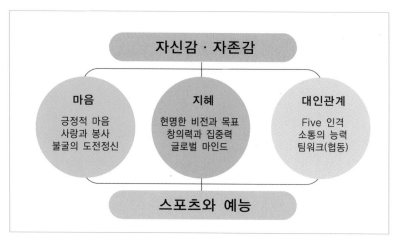

대전대신고가 추구하는 글로벌 리더의 인성교육 구조

대전대신고이야기는 바로 인재상에서 출발했다. 교육에 있어 인재상
은 모든 것의 출발일 것이다. 오량가산 기슭의 대전대신고는 인재상
을 바탕으로 중단 없는 학교혁명을 이루어 왔다. 대학 입시라는 민감
한 이슈가 고등학교의 존재 목적을 휘두르는 시대에 이 학교는 꿋꿋

기독교 정신을 바탕으로 설립된 대전대신고 건학이념비

하게 인재상 중심으로 혁신을 진행해 왔다. 본질을 놓치지 않고 추구해 온 혁신의 결과는 예상했던 대로다.

서울대 합격자 배출 순위에서 전국 37위를 차지했고(조선일보 2005.09.16.), 70년대생 고교별 엘리트 배출순위 45위를 차지했으며 (중앙일보 2005.09.23.), 서울대학교 입학사정관도 인정한 학교가 되었다(중앙일보 2009.03.18.). 한편, 2004 교육과정 100대 최우수학교 선정, 2011년 학교평가 최우수학교 선정, 2011년 영재교육기관 우수학교 지정, 2011년 대전 교육과정 우수학교 선정, 2011년 건전 언어 실천학교 우수학교로 선정되었다.

글로벌학교의 입지도 명확히 하고 있다. 해외 고등학교와 자매결연을 통해 학교 교류, 교사 교류, 콘텐츠 교류 등이 활발하게 이뤄지고 있다. 호주 Saint Stephen College, 호주 Kings Christian College, 호주 Somerset College(IB Schol), 호주 Roseville College 등이 현재 대전대신고와 함께 교류하는 학교들이다.

대전대신고 출신의 인재들은 이미 사회 곳곳에서 영향력을 펼치고 있으며 현재 진행형이다. 2012년 2월 제37회 졸업생 432명을 비롯해 그동안 총 18,682명의 동문을 배출해 사회의 각 분야에서 활발하게 활동하고 있다.

• 1978년 육군 3사관학교 수석 졸업(배중호)
• 1987년 경찰대학교 수석 졸업(정용선), 해군사관학교 수석 졸업(김태성)

- 1989년 서울대학교 총학생회장(손용후)
- 1990년 외무고시 최연소 합격(조구래), 육군사관학교 수석 졸업(최인수)
- 1991년 서울대학교 수석 입학(김지홍)
- 15, 16, 18대 국회의원(이재선)
- 연예계 : 박강성(4회), 이경래(6회), 이원종(9회), 신승훈(10회) 등

후배들도 선배들 못지않게 노력하고 있으며 그 결과들이 나오고 있다.

- 2009년 국제수학올림피아드 손동원 은상 수상
- 2011년 영재교육기관 우수학교 지정
- 2010년 제22회 대전광역시 중·고등학생 수학·과학올림피아드(수학부문) 금상
- 2011년 대전 영재 Festival 은상 4명
- 2010년 대전 영재R&E대회 금상 2명, 은상 1명
- 2011년 대전 영재R&E대회 은상 7명, 동상 4명
- 2011년 대한민국 인재상 수상 임규헌(3)
- 2012년 1월15일 KBS 도전 골든벨 쌍방울 울림 : 김덕호(3), 서문규(2)

현재 대전대신고는 전국 고등학교들의 벤치마킹 대상이 되어, 수많은 학교들이 탐방교사를 보내는 학교 1순위로 자리매김했다. 고집스럽게 인재상을 추구한 결과가 결국은 통했다는 증거일 것이다. 인재상은 추상적인 개념이 아니라, 매우 구체적인 학교운영의 최우선 순위

	필수 이수 교육활동	약어	주요활동
가	리더십 (LeaderShip)	LS	리더십 프로그램, 글로벌봉사
나	독서 (Reading Great Books)	RGB	RGB 등급 인증제
다	1체1예 (Sports & Arts)	SA	1학년 : 체육 및 음악·미술 활동 필수 선택 2,3학년 : 자율선택
라	동아리활동 (Group Activity)	GA	1인 2개 이상 동아리 가입 및 활동
마	영어 회화 (English Conversation)	EC	5단계의 인증절차

오량인 인증제

가 된다.

대전대신고는 '오량인'이라는 키워드에서 출발해 세 가지 인재상에 근거한 '오량인 인증제'를 만들었다. '오량인'이란 명칭은 학교가 위치하고 있는 '오량가산'에서 유래했는데 '오량가'란 다섯 대들보가 있는 집을 의미한다. 결국 오량인이란 청지기적 글로벌 인재로 성장하는 다섯 대들보라는 뜻을 지니고 있다.

가. 리더십

미래사회의 바람직한 변화를 주도할 수 있는 글로벌 감각과 인성을 갖춘 리더를 양성한다.

• 비전설정, 팀워크, 자존감, 자기관리, 시간관리

지역 및 국제봉사와 글로벌 체험을 통해, 국제사회에 이바지하는 세계시민으로 성장하도록 돕는다.

- RCY, 스카우트, 청소년연맹, 샤프론봉사단, 해비타트 등
- 제3세계 체험 및 봉사, 기아체험, 비전트립

나. 독서

독서로 형성된 폭넓은 지식을 조화롭게 융합할 수 있는 창의력을 기른다.

- RGB인증제 : Red(예술), Green(자연과학), Blue(인문사회)

다. 1체1예

학생들의 전인적 성장과 특기를 살리기 위한 프로그램을 마련한다.

- 개설된 체육 종목 : 테니스, 축구, 족구, 농구, 배구, 헬스, 사격, 골프, 볼링
- 개설된 예술 활동 : 도예, 서예, 유화, 수채화, 조소, 디자인, 캐리커처, 오카리나, 기타, 트럼펫, 트럼본, 유포늄, 튜바, 클라리넷, 플루트, 오보에, 바순, 색소폰, 타악기, 사물놀이, 대금, 단소

라. 동아리활동

취미와 적성에 따른 동아리활동을 통해 행복한 삶의 기반을 마련한다.

- 창의체험 동아리(40개), 진로탐색활동 동아리(20개), 예체능 동아리(20개)

마. 영어회화

- 5단계의 인증절차를 걸쳐 졸업 전, 모든 단계 이수 시, 'Global Communication Leader' 상 수여
- 매 학년 두 번의 시험을 거쳐(3학년은 1학기에 1회), 총 5회의 기회로 모든 단계를 이수하도록 기회를 줌
- 인증제 시험 후, 자신의 단계에 맞는 배지를 부여, 총 5개의 배지를 졸업 전까지 모을 수 있도록 함
- 인증단계 : Beginner(1단계), Low Intermediate(2단계), Intermediate(3단계). High Intermediate(4단계), Advanced(5단계)

삼위일체

이강년 이사장은 인재상을 실현하는 과정에서 '3위1체'에 대한 신념을 가지고 있다. 이것은 학교, 교사, 학생이 한 몸처럼 유기적으로 연결되어 있어야 한다는 신념이다. 이러한 신념이 만들어 낸 결과가 바로 대전대신고의 '인재상', '교사사명' 그리고 '학생선언'이다.

학교의 인재상은 교사와 학생의 사명을 만들어 낸다. 사명을 가진 주체들은 주도력과 추진력을 가지게 된다. 대전대신고의 세 가지 인재상은 교사와 학생이라는 주체들에게 '사명'을 부여했다. 대전대신고 교사는 여덟 가지 사명선언을 한다. 이는 마치 의사들에게 있어 '히포크라테스 선서'와 같다. 이강년 이사장은 인재상에 근거한 교사사명을 지속적으로 강조해 왔다.

교사 사명

교사 사명선언 2항을 실천하는 박병춘 교사

「세상의 아침」 프로그램에 출연한 박병춘 교사와 강마태오 군

1. 우리 모두는 소중하고 아름다운 귀한 생명이라는 의식을 갖는 교사
2. 유머와 밝은 웃음으로 학생을 지도하는 교사
3. 꿈을 갖게 하고, 그것을 향해 함께 연구하는 교사
4. 사랑과 봉사, 자율성, 창의성, 리더십, 글로벌 마인드를 키우며 실천하는 교사
5. 자기주도학습 능력 배양에 힘쓰는 교사
6. 질문식 수업으로 생각 능력을 키워주는 교사
7. '좋은 습관은 기적을 낳는다'는 격언처럼, 좋은 습관을 만들어 주는 교사
8. 하나님의 말씀이 곧 지혜의 근본임을 깨닫게 도와주는 교사

대전지역 고교 중 최고 실력을 인정받는 물리담당 이청민 교사

수시논술 강의로 언론에 자주 소개되는 이진회 교사

인재상이 사명을 만들었다면, 사명은 행동할 수 있는 방향과 구체적인 계획 그리고 실천 의지를 만들어 준다. 대전대신고 교사들은 그런 의미에서 일반적이지 않다. 우선 대전대신고 교사들은 학생들을 존중하는 태도가 뼛속까지 스며들어 있다.

대전대신고 교사들은 매우 유머가 풍부하며 창의적이다. 또한 매스컴에도 종종 등장하는 전국의 유명교사가 많이 포진되어 있다. 박병춘 교사는 공중파에도 소개가 된 유명인사로, 다양한 색상의 이름표를 만들어 달고 다닌다. 학생들은 선생님의 명찰 색상에 따라 콘셉트나 기분을 이해하고 서로 소통을 한다. 특히 빨강 명찰을 달고 온 날은 기분이 매우 좋은 날이라고 한다. 이러한 교사들의 노력에 학생들은 매우 긍정적인 반응을 보인다.

대전대신고 교사 사명선언에 근거하면 3항, 5항, 6항이 모두 공부와 관련이 있다. 학생들의 실력 향상을 위해 끊임없이 연구하는 교사의 역할이 강조되고 있는 것이다. 그런 면에서 교사들의 학구열은 이미 정평이 나 있다.

이청민 교사는 과학기술부장관 표창장을 받았다. 대전지역 영재학급 대표강사이며, 대전시교육청 물리과목 대표강사이다. 수능대비 학습 전략으로 그가 신문에 연재하는 칼럼은 학생들의 필독기사이다.

머리에서 가슴으로, 그리고 발로

대전대신고 인재상이 만들어 낸 '학생선언'은 학생들의 생각에 끊임 없이 영향을 준다. 학생들은 입학과 함께 학생선언을 하고, 이를 평상 시 마음에 새기고 구체적으로 실천하는 삶을 살아야 한다. 이를 위해 학교는 다양한 활동들을 지속적으로 추진하며 뒷받침이 되어준다.

"이기적인 인재는 필요 없다."
이는 이강년 이사장의 오랜 신념이다. 그러한 신념은 인재상에 반영

복지관 아이들을 섬기는 일은 대전대신고 학생들의 학생선언 정신

학생선언을 하는 신입생 대표

1. 나는 정직하고 근면하며, 이웃과 협력하는 따뜻한 마음을 가진 사람이다.
2. 나는 학교의 규칙을 스스로 지키며 모든 봉사에 앞장선다.
3. 나는 밝은 마음과 건강한 몸을 유지하도록 좋은 습관을 만든다.
4. 나는 이웃과 세계에 봉사하기 위해 공부한다.
5. 나는 꿈을 찾아 그것을 이루기 위해 혼신을 다한다.

되어 있고, 학생선언에도 드러나 있다. 학생들은 인재와 리더의 차이를 구분할 줄 안다. 그것이 바로 학생선언의 핵심이기 때문이다.

"자신의 재능을 발견한 사람은 인재가 될 수 있어요. 그러나 인재들 중에 리더가 되는 사람은 성품을 갖추어야 합니다. 성품의 핵심은 타인을 돌아볼 줄 아는 마음이죠."

학생선언 1. 나는 정직하고 근면하며, 이웃과 협력하는 따뜻한 마음을 가진
사람이다.

학생선언 2. 나는 학교의 규칙을 스스로 지키며 모든 봉사에 앞장선다.

학생선언의 1항, 2항을 실천하는 일은 학생들의 기본적인 책무이다. 이는 학생선언이 단순한 미사여구가 아니라, 살아 움직이는 언어가 되었다는 것이다. 이 모든 것이 가능한 것은 '인재상' 중심으로 학교가 돌아가는 시스템 때문이다.

학생선언 3. 나는 밝은 마음과 건강한 몸을 유지하도록 좋은 습관을 만든다.

대전대신고 학생들에게 '밝은 마음'과 '건강한 몸'은 아주 구체적인 문화이다. 웃음과 건강이야말로 '대전대신고 스타일'이다. 가장 유

오량인 페스티벌

명한 활동은 '오량인 페스티벌'과 '오량인 체육대회'이다.

오량인 페스티벌은 종합 퍼포먼스로, 동문선배, 교사, 재학생, 지역학교 학생 등이 모두 함께 즐길 수 있는 축제의 장이다. 이때 교사들이 망가지는 모습은 기본이며, 학생들의 다양한 끼가 마음껏 발산된다. 체육대회는 더욱 스케일이 큰 행사로 사관학교 체육대회나 연고전을 방불케 한다.

사관학교 체육대회처럼 큰 스케일의 이른바 '전투체육'으로 불리는 체육대회

학생선언 5. 나는 꿈을 찾아 그것을 이루기 위해 혼신을 다한다.

이외에도 대전대신고에서는 다양한 동아리활동을 지원한다. 학생들이 마음껏 자신의 꿈을 펼치며 창의적으로 체험할 수 있도록 모든 것을 지원해 준다. Scivill(과학발명반), 솔로몬의 지혜(법동아리), 오량독서토론회, Bio Voice(생물토론동아리), Creative 건축(건축 동아리), Eco 지리, 경제 금융 등 22개의 창의학습 동아리와 운동, 봉사, 음악 등 총 42개 동아리가 활동 중이다. 또한 오량가 소식지를 창간해, 학생기자들이 직접 취재, 편집해 연중 네 차례 오량가 소식지를 발행하고 있다. 이 소식지는 한글판과 영문판이 함께 나온다. 2011년에는 브라스밴드부가 결성되어 활동하고 있다.

'남을 배려할 줄 아는 사람만이 발명을 할 수 있다.'

과학발명동아리 '싸이언스빌리지'의 모토이다. SCIVILL은 창의적이

브라스밴드부의 연주

고 미래지향적인 글로벌 인재를 길러낸 다 는 목 적 으 로 2002년에 만들어 졌다. SCIVILL은 전국 대학생이 주축 이 된 지식공동체인

일간지에 소개된 과학발명동아리 SCIVILL학생의 발표장면

라퓨타의 서브동아리에도 소속되어 있다. 라퓨타에서 매달 진행하는

성명	학년	상격	수상	비고
홍민기	2	은상	지식경제부장관상	
도건형	3	동상	국립과천과학관장상	
김건무	2	동상	한국발명진흥회장상	
김건무	2	장려상	한국발명진흥회장상	
정인혁	1	장려상	한국발명진흥회장상	
추민우	1	장려상	한국발명진흥회장상	
허민	1	장려상	한국발명진흥회장상	
권웅	1	입선	한국발명진흥회장상	
김연광	1	입선	한국발명진흥회장상	
김용환	1	입선	한국발명진흥회장상	
박준섭	1	입선	한국발명진흥회장상	
송치웅	1	입선	한국발명진흥회장상	
이진성	1	입선	한국발명진흥회장상	
임희도	1	입선	한국발명진흥회장상	
조민수	1	입선	한국발명진흥회장상	

제23회 대전광역시 학생과학 발명품 경진대회 최종심사 결과

학년	학생명	작품명	수상
2	이성룡	자동 속도 조절 놀이기구 뺑뺑이	금상
2	임진성	자동으로 문과 바닥판이 작동하는 전자렌지	은상
2	차두용	자가발전 계산대	은상
2	김건무	가속도를 이용한 드릴 드라이버 비트	은상
2	류승환	멘델의 유전법칙 퍼즐	은상
3	송훈민	폐비닐을 이용한 튜브형 비닐하우스	은상
2	홍민기	겨울철 눈으로 재배하는 비닐하우스	동상
1	신현철	간단히 심을 넣을 수 있는 샤프연필	동상
2	전상연	발광다이오드의 원리를 이용한 뇌구조 기능 학습용품	동상
2	김영민	베르누이의 원리를 이용한 마술 공	동상
2	임진성	폐스피커를 이용한 라디오	동상

세미나에 참가해 정보기술, 경제, 교육, 기계, 신소재, 생명공학 등 각자의 전문분야에 대해 발표와 토론에도 참여하고 있다.

SCIVILL은 지난 10여 년간 전국발명경진대회 단체상 6회, 과학관련 분야에서 개인상으로 국무총리상 1회, 장관급상 204개, 교육감급상 212개, 기관장급상 208개, 학생 특허 및 실용신안 1263건을 출원하는 결과를 만들었다. 정대호 SCIVILL 담당교사는 언론과의 인터뷰에서 SCIVILL에 대한 애정을 학교의 인재상으로 풀어서 설명해 주었다.

"과학동아리 SCIVILL은 단순 실적 위주의 동아리가 아닌 과학적이고 창의적인 사고를 바탕으로 따뜻한 사회를 만들어 갈 수 있는 인성을 지닌 미래지향적 글로벌 리더를 양성하는 모임입니다."

교사들의 심장소리

정기적인 세족식 행사에서 학생들의 발을
씻겨주는 교사들

인재상으로 운영되는 학교의 진수를 만나보자. 대전대신고 교사들에게는 매년 아주 의미 있는 시간이 있다. 학생들의 발을 씻겨주는 '세족식' 행사이다.

"처음에는 손발이 오그라들었어요. 완전 미치는 줄 알았어요. 그런데 벌써 3년째 저의 발을 씻겨주고 계세요. 이제는 익숙해요. 그냥 이벤트가 아니라 정말 선생님의 마음이 전해지는 느낌이에요. 1학년 때는 민망하기도 해서 아침에 발을 씻고 왔는데, 이제는 편하게 양말 벗어서 내밀어요."

고3 한수철 군의 얘기가 정말일까, 선생님들이 학생들의 발을 씻겨준다는 말이 정말 사실일까?

"저도 사람이라 지칠 때가 많습니다. 초심이 사라지고 매너리즘에 무기력해지는 순간이 있습니다. 그런데 그런 위기를 넘기는 저만의 의식이 있어요. 바로 학생들의 발을 씻겨주는 세족식입니다. 팔을 걷고 학생들의 발을 씻겨주는 순간, 저는 초임교사의 마음으로 돌아갑니다. 제자의 발을 씻겨주는데 오히려 저의 마음이 깨끗해집니다."

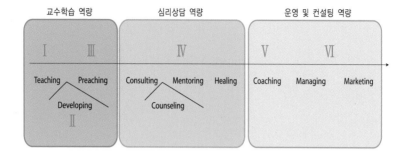

교수학습 역량	심리상담 역량	운영 및 컨설팅 역량

Ⅰ　　Ⅲ　　　　Ⅳ　　　　Ⅴ　　　　Ⅵ

Teaching　Preaching　Consulting　Mentoring　Healing　Coaching　Managing　Marketing

Developing　　Counseling

Ⅱ

교사들의 장기적인 성장모형

김종호 교사는 세족식 예찬론자이다. 20년 이상의 경력을 가진 교사나 이제 막 발령받은 초임교사나 모두 예외 없이 세족식에 참여한다. 이것은 대전대신고의 정신이 깃든 오랜 전통이다.

대전대신고 교사들은 모두 비전을 가지고 있다. 교사가 되어 대전대신고에서의 수업이 시작된 그날부터 멈추지 않는 성장곡선을 그리고 있다. 가르치되 더 높은 수준을 꿈꾸며, 학생을 가르치되 인격적인 멘토링의 단계까지 도울 준비를 한다. 심지어는

어느 곳에서든 종종 눈에 띄는 교사와 학생 간의 대화 모습

내면의 상처를 치유하는 단계에까지 이르려 노력한다. 이러한 교사들이 있기에 지금의 대전대신고가 있다.

점심시간, 학교 캠퍼스를 바라보고 있으려면 교사와 제자가 함께 걷는 모습이 자연스럽게 눈에 띈다. 친구처럼, 선배처럼 쉼 없이 대화하는 것이 대전대신고의 사제지간 문화이다. 이 역시 대전대신고의 '인재상'이 만들어 낸 결과일 것이다.

3무 1유가 있다

"부모님께서 이해해 주십시오. 꼭 필요할 때는 회초리로 종아리를 때리겠습니다."

이야기를 들은 부모님들이 고개를 끄덕인다. 이석주 (전)교장은 중앙일보와의 인터뷰에서 자신이 만든 회초리를 들어보였다. 매년 2월이면 직접 산에 올라 싸리나무를 꺾어 회초

'회초리 있고 휴대전화, 장발, 흡연 없다' (중앙일보. 2009. 03. 18.)

리를 만든다. 물론 교장의 회초리를 맞은 학생은 없다. 부모들은 대전대신고 교장의 말에 충분히 수긍이 되었다.

대전대신고에는 휴대전화가 없다. 전화나 문자 때문에 학업에 지장이 생기는 것을 막기 위해서이다. 휴대전화를 갖고 다니다 발각되면 부모님이 학교에 와서 각서를 쓰고 찾아가게끔 한다. 두 번 걸리면 졸업할 때까지 교무실에 휴대전화를 보관한다. 이른바 3무 1유이다. 현재 박영진 교장 역시 3무를 지키고 있다. 다만 1유는 학생인권조례 때문에 포기했다.

학교혁명의 진정한 원동력

05

'섬김'으로 '리딩' 하라 : 청지기적 글로벌 리더
자존감을 심어주는 학교
3색(色) 자신감
땀' 그리고 '끼'

인터뷰_ 또 한 번의 비상(飛上)을 선포합니다!

'섬김'으로 '리딩'하라 : 청지기적 글로벌 리더

"'선생님이 진짜 나를 사랑하시는구나!' 라고 학생들이 느끼면 공부도 열심히 하게 되고, 좋은 대학도 갈 수 있습니다. 이것이 바로 '인성교육'입니다. 학창시절을 떠올릴 때 정작 기억나는 선생님은 공부를 잘 가르쳐주신 분보다 사랑을 베푼 은사입니다."

이강년 이사장은 그렇게 믿으며 굳게 확신하고 있다. 그 중심에는 '사랑'이 있다. '사랑'이라는 가치관을 심어주기 위해, 그가 추구하는 학교 비전은 '청지기적 글로벌 리더 양성'이다. 여기서 청지기적 글로벌 리더는 크게 세 가지 교육이 조화를 이룰 때 가능하다. 인성교육과 진로교육 그리고 자기주도학습이다. 진로교육과 자기주도학습은 이미 앞서 충분히 설명이 되었다. 대전대신고는 '인성교육의 교과서'로 통한다.

대신학원 이강년 이사장

"대한민국 교육현장에서는 '인성교육'이 절실합니다. 이것은 일종의 '변화'입니다. 무엇보다도 지성을 담는 그릇을 크게 만드는 변화가 있어야 합니다. 이것은 '인성'과 '창의성'교육이 중심이 되는 것이며, 그것이 이

뤄지면 입시와 진
학은 자연스럽게
이뤄질 것입니다."

섬김의 세족식 준비

봄꽃 축제가 한창
인 4월. 교사 전원
이 백암관에 모였다. 신임교사들에게는 다소 낯선 풍경이 펼쳐지고
있다. 물이 담긴 대야, 그 앞에 가지런히 놓인 의자.
"선배님, 이게 뭐하는 거죠? 저 대야는 뭐죠?"
신임교사가 두 눈을 동그랗게 뜨고 궁금해하며 묻는다. 나란히 옆에
서서 지켜보던 고참교사는 설명은 하지 않고 그저 웃기만 한다. 그러
면서 앞을 보라며 고갯짓을 하였다. 이강년 이사장과 박영진 교장이
앞으로 나와 양복 상의를 벗고 팔을 걷었다. 그 누구도 설명하려 하지
는 않는다. 이사장이 고개를 끄덕이자, 앞줄의 평교사 두 사람이 걸어
나갔다. 그리고 의자에 앉았다.
신임교사들의 머릿속에는 '혹시' 하는 생각이 스치고 지나갔다. 성서
에 나오는 세족식! 대한민국의 한 고등학교에서 교장이 평교사의 발
을 씻겨주는 장면을 두 눈으로 목격하는 순간이었다. 교장과 이사장
이 먼저 평교사의 발을 씻겨주었다. 몇 명의 신임교사를 제외하고 모
든 교사들에게는 이미 익숙한 장면이었다.
"말로 하는 교육은 소용이 없습니다. 교육은 삶에서 보여주는 게 중
요합니다. 그래야 머릿속이 아니라 가슴 속에 남습니다. 교사들이 먼

이강년 이사장과 박영진 교장이 먼저 발을 씻겨주는 모습

저 실천하는 것이 중요하죠. 먼저 섬기는 것입니다. 이것이 '인성교육'의 출발입니다."

이강년 이사장이 언론인터뷰를 할 때마다 강조하는 부분이다. 이러한 그의 생각은 '청지기정신'에 근거한다. 청지기 정신이란, 기독교 정신에서 비롯된 것이다. 쉽게 말하면 '나는 주인이 아니다' 라는 생각이다.

'여기 이 학생들은 신께서 나에게 맡긴 존재들이다. 따라서 나는 이들은 잘 섬기는 역할을 해야 한다. 이것이 나의 사명이다.'

대전대신고의 교사들은 이런 청지기적 사명감을 가지고 있다. 그래서 이사장과 교장이 먼저 섬김의 실천을 보이는 것이다. 리더가 먼저 섬김의 본을 보이는 것이다. 그 다음에는 자연스럽게 선배교사가 후배교사의 발을 씻겨준다. 그 다음은 각 담임교사가 학생들의 발을 씻겨준다.

학생들을 따뜻하게 안아주는 선생님들

"눈물이 났어요. 그 누구도 저를 그렇게 안아준 적이 없어요. 세상 어디에서도 받지 못한 사랑을 바로 학교에서 채워주었어요. 형식적으로 안아주는 것이 아니라, 몸이 으스러질 정도로 저를 안아주셨어요. 그리고 잠시 후 뭔가 작은 목소리로 말씀하셨어요. 나중에 안 사실인데, 선생님은 저를 위해 기도를 하고 계셨던 거예요."

자신들의 가장 지저분한 발을 씻겨주고, 안아주며, 따뜻하게 격려해주는 이 모습이야말로 학생들의 가슴에 잊지 못할 기억으로 남게 될 것이다.

자존감을 심어주는 학교

"넌 정말 소중하다. 넌 이 세상에 꼭 필요한 존재야. 넌 그 누구와도 비교할 수 없어!"

박병춘 교사가 학생들에게 늘 하는 말이다. 대전대신고 교사들은 그

「TV동화 행복한 세상」에 방영된 박병춘 교사이야기 (2011. 9. 26.)

래서인지 단 한 명의 학생도 포기하지 않는다. 폭풍 같은 질풍노도의 시기에는 방황하는 학생들을 간혹 볼 수 있다. 하지만 그런 학생들을 포기하는 교사는 대전대신고에 존재하지 않는다.

어느 해 봄의 일이다. 고2 담임교사였던 박병춘 교사는 경기도 송탄으로 차를 몰았다. 자신이 담임을 맡은 반의 학생과 타 학교 학생이 포함된 네 명의 학생이 무려 보름째 무단결석을 한 것이다. 그는 수소문 끝에 아이들을 송탄에서 보았다는 얘기를 듣고 송탄 터미널 주변의 여관과 여인숙을 샅샅이 훑었다. 그리고 끝내 아이들이 머무는 여인숙을 발견하였다.

박 교사는 여인숙에 학생들을 모아 놓고 대화를 시작했다. 그는 결코 화를 내거나 윽박지르지 않았다. 집과 학교로 돌아가는 것이 정답이지만 그는 그 결정을 학생들의 입장에서 결정하도록 기다려 주었다. 한 시간 정도 시간이 지난 뒤, 학생들은 모두 집으로 돌아가기로 결정하였다.

아이들이 집으로 돌아간 것을 확인한 자정이 넘은 시각, 그는 집으로 돌아가지 않고 곧장 학교로 차를 몰았다. 학교에 도착한 그는 차에서 내려 운동장을 달렸다. 한 바퀴를 돌 때마다 집으로 돌아간 학생들을 한 명씩 떠올렸다.

'OO야, 이젠 정말 방황하지 말고 학교 잘 다녀야 한다!'

마음에 간절한 소망을 담아 운동장을 달렸다.

그 후 네 명의 학생은 교칙에 따른 징계를 받고 모두 정상적인 학교생활에 복귀할 수 있었다. 이 사연은 「TV동화 행복한 세상」에 소개가 되었다. 방송으로 소개가 되고 그는 이렇게 말했다.

"이번 일로 인해 교직 생활을 하는 데 열정을 가다듬는 계기가 되었습니다. 그리고 아파하는 제자들에게 작은 힘이나마 보탬이 될 수 있다면, 그게 바로 교사의 길이자 사명이라고 생각합니다."

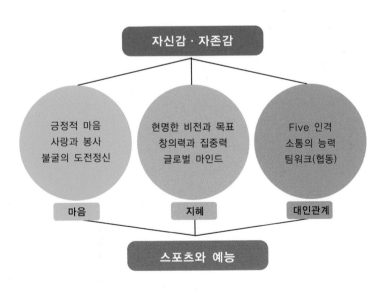

칭지기적 글로벌 리더 양성 구조

대전대신고 교사들은 학생들에게 '자존감'을 심어주는 것을 가장 중요하게 여긴다. 청지기적 글로벌 리더를 키우기 위한 인성교육이 바로 자존감으로부터 시작되기 때문이다. 어쩌면 공부보다도 이를 더 중요하게 여기는지도 모른다.

"공부를 잘하게 하려면 선생님들이 아이들의 마음을 잡아주어야 합니다. 거창 고등학교가 왜 유명해졌습니까? 돌아가신 설립자 교장 선생님이 전국 고교에서 문제아로 잘린 아이들을 데리고 학교를 운영했습니다. 그는 아이들이 공부를 안 하고 떠들어도 너희들은 하나님의 목적이 있어 이 세상에 태어난 귀한 생명이라고 하며 아이들을 귀하게 대해 주셨습니다. 수업시간에 떠들면 '공부가 인생의 전부는 아니다. 공부를 하지 않아도 괜찮다. 하지만 공부하는 학생들을 방해하면 안 된다.'라며 운동장에 나가 놀게 했습니다. 또한 운동장에서 놀고 있는 아이들을 만날 때면 항상 그들의 생명이 귀함을 반복해 역설했습니다.

아이들은 늘상 잔소리 듣기 바빴었는데 자신들을 이렇게 항상 귀한 대접을 해 주고 존중해 주니 '내가 정말 귀한 사람인가?'라는 생각에 공부를 하기 시작했고, 결국 많은 학생들이 명문대를 들어갈 수 있었습니다. 거창고등학교는 아이들을 귀하게 대해 주고 존중해 주는 것 그게 전부였습니다."

이강년 이사장은 자존감을 심어주니 결국 성적이 오르고 명문대에 진학하는 결과를 만들어 냈다는 거창고등학교 사례를 들었다. 교사들이 학생들의 성적보다 '자존감'을 높이는 데 먼저 신경을 쓰는 것은 이러한 마인드를 끊임없이 공유하는 소통이 있었기 때문이다.

오연진 군 역시 자존감을 강조하는 선생님들의 이야기 덕분에 마음을 돌이킨 학생이다.

'3, 31, 5, 14.'

3분은 오 군이 시험시간에 문제를 찍는 데 걸리는 시간, 31등은 반 등수, 5번은 그가 한 달에 교무실에 불려가는 횟수이다. 14번은 한 달 동안 방과 후 학교 보충수업을 하지 않고 도망친 횟수이다.

오 군은 어렸을 적에는 영리한 아이, 재주 많은 아이라며 칭찬을 듣곤했다. 그런데 언제부터였을까 점차 학생 신분을 벗어난 행동을 일삼으며 학교에서 문제아 취급을 당했다. 적어도 2011년 11월까지는 그랬다.

11월 모의고사를 보는 날이었다. 오 군은 평소처럼 시험지를 받자마자 대충 써내려 간 후, 책상에 엎드렸다. 그런데 그 순간, 마음속에 갑자기 떠오르는 게 있었다.

"연진아, 넌 할 수 있어. 선생님은 널 포기하지 않는다."

그 순간 고개를 들고 주위를 둘러보았다. 자신을 제외한 모든 친구들이 시험지를 뚫어져라 응시하며 시험을 치르고 있었다. 자신의 한심한 모습과는 너무나 비교가 되는 친구들의 모습이었다.

그가 쓴 수필 「꼴지의 반란」에는 그 당시의 심경을 이렇게 고백하고 있다.

『……부모님 생각이 났다. 이런 문제 많은 나를 자식이라며, 아들이라며 항상 믿고 지켜봐 주신 부모님께 너무나 죄송스러웠다. 언제나 문제만 일으키지 않으면 다행이었던 그런 아들이어서, 부모님 친구 분들이 자식자랑을 하실 때 가만히 듣고만 계시게 만든 아들이어서, 너무 죄송스럽고 부끄러워 왈칵 눈물이 쏟아졌다. 120분 시험시간 동안 엎드려 소리 없이 한참을 울었다. 나는 그 시간 동안 주체할 수 없는 눈물을 쏟아내며 나에게 수없이 다짐했다. 이제부터 부모님께 자랑스러운 아들이 되자고. 내 자신에게 떳떳한 사람이 되자고. 이런 내 모습조차 사랑해 주시며 진심으로 대해 주시는 선생님께 최고의 제자가 되자고…….

나는 다른 사람으로 변화되었고, 그 기회를 붙잡았다. 시간이 흐른 지금, 이런 글을 쓰고 있는 요즘 불가능할 것 같은 대학을 꿈꿔 보고 있다. 하지만 해낼 수 있고, 자신에게 떳떳할 만큼 열심히 하고 있기 때문에 난 당당하게 말할 수 있다. 그리고 나는 반드시 이 세상에 보여주고 싶다. 꼴지도 해 낼 수 있다는 것을…….」

학생수필 공모전. 금상 수장작. 「꼴지의 반란」 중

3색(色) 자신감(마음 · 지혜 · 관계)

[첫 번째 자신감 : 마음]

'자존감' 과 더불어 중요한 인성교육의 핵심은 바로 '자신감' 이다. 자신감은 어떤 일이든지 할 수 있다는 마음이다. 이를 형성시키기 위해서는 세 가지 도움이 필요하다.

첫째는 마음, 둘째는 지혜, 셋째는 인간관계이다. '마음' 에서 가장 중요한 것은 긍정적인 마음인데 이는 사랑하는 마음이 있어야 가능하다. 학교에서 학생들에게 사랑의 마음과 긍정의 마음을 심어주기 위해 가장 노력하는 부분이 바로 '봉사'이다. 봉사는 사랑을 타인에게 베푸는 것이지만 실은 봉사를 해 보면 내가 베푸는 것보다 훨씬 많은 것을 얻게 된다. 그 속에서 사랑을 깨닫고 사랑의 의미를 알게 되는 것이다.

또한 학교에서 학생들의 마음에 심어주고 싶은 것은 '긍정의 마음', '사랑의 마음'에 더하여 '포기할 줄 모르는 도전의식'이다. 삶의 여정에는 여러 차례 어려움을 만나게 되는데 그럴 때마다 자신의 목표를 절대 포기하지 않는 불굴의 정신이 필요하다. 한 번 포기하게 되면 자꾸 포기하는 습관이 생겨 인생을 그르치게 된다. 세상에 공짜는 없

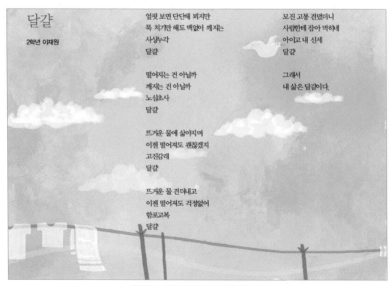

「달걀」, 2학년 이재원 학생의 시

다. 강한 자가 이기는 것이 아니라 살아남는 자가 강한 것이다.

대전대신고 학생들은 실제로 매우 긍정적이다. 밝고 순수하며 세상을 따뜻하게 바라본다. 이는 자신을 바라보는 시선과 세상을 바라보는 시선을 통해 확인할 수 있다. 자신만의 시선을 드러내는 대전대신고만의 방법은 바로 '시(詩)'이다. 부드러운 감성을 갖게 해 주는 특징으로 이 학교는 학교 전체가 시(詩)를 쓴다. 학생, 교사, 그리고 학부모들이 모두 '시인'이다. 학생들 상당수가 시를 쓰고, 학교 자체적으로 '시' 공모를 하며 '시적 감성'을 전체가 공유한다.

시(詩)는 마음을 부드럽게 만들고, 세상을 포용하는 긍정의 감성을 만드는 힘이 있다. 학생들은 자신만의 시를 쓰고 자체적인 공모전을 가

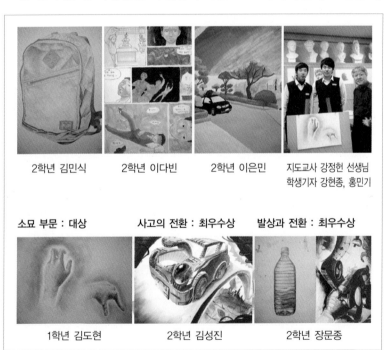

2학년 김민식 　　　2학년 이다빈 　　　2학년 이은민 　　　지도교사 강정헌 선생님
　　　　　　　　　　　　　　　　　　　　　　　　　　　　　　학생기자 강현종, 홍민기

소묘 부문 : 대상 　　　　사고의 전환 : 최우수상 　　　발상과 전환 : 최우수상

1학년 김도현 　　　　　2학년 김성진 　　　　　　2학년 장문종

풀 씨

어렸을 적 어머니와 함께
뒷동산에 올랐지요.
도란도란 이야기를 나누는데
엄마가 저에게 물었습니다.
"낮에 별을 본 적이 있나?"
"아니요"
엄마는 풀씨를 입에 물고
"입을 세면 별이 보인단다."
하셨습니다.
저는 풀씨를 입에 물었습니다.
그러자 엄마는
풀씨 줄기를 확 당겼습니다.
순간 풀씨가 별이 되어
입안으로 쏟아졌습니다.
지금은 연로하신 어머니,
어릴 적 그때를 생각하면
한없이 정겹고 행복합니다.

교사 손윤모(음악)

「풀씨」 손윤모 교사의 시

진다. 시뿐 아니라 수필과 사진전 등을 열기도 한다. 교내미술실기대
회를 통해 학생들은 발상과 표현, 그리고 사고의 전환까지 다양한 기
량을 뽐낸다. 이러한 활동 하나 하나가 모두 학생들의 마음속 긍정의
감성을 만드는 '문예적 접근' 들일 것이다.

학생뿐 아니라, 교사들 역시 문학적 감성이 풍부하다. 많은 교사들이
시를 쓰거나 음악을 하고, 전문가 수준의 작품사진을 찍어 학생들과
교감한다. 이러한 문예적 접근이야말로 자신감을 키우고 긍정의 사고
로 마음을 풍요롭게 만들어준다. 긍정적인 마음은 불가능을 가능케
한다.

대전대신고가 강조하는 긍정의 마음은 '협력하여 선' 을 이루는 채널
역할을 한다. 물론 이 과정에서도 '문학적 감성' 이 그 역할을 충분히

해 준다. 2학년 김경환 군은 아버지의 건강을 걱정하여 금연을 권하는 진심의 글을 학교 소식지에 게재하기도 하고, 고3 수험생인 아들을 생각하며 어머니가 아들에게 편지를 써서 학교 잡지에 게재하기도 한다. 물론 이런 글들은 어느 엄마가 자신의 아들을 위해 쓴 글이지

금연을 바라는 마음으로 아버지께

금연 글짓기 대회 금상 수상작(대전대신고 2학년 8반 김경환)

아버지! 아버지께서 사랑하는 경환입니다! 생신 때에만 썼던 편지를 쓰게 되니 글 쓰는 처음부터 두근거려요. 하지만 이번에는 읽으시면서 미소 짓는 내용이 아닙니다. 바로 아버지께서 즐겨하시는 담배에 대해서 쓰게 되었습니다. 가족 중 유일하게 담배를 피우시는 아버지, 항상 끊으시라고 얘기했던 바를 글로 나타내려니 시작부터 막막합니다. 매년 생신 때 쓰는 편지에 단골로 등장하는 금연 얘기이나 오늘만은 특별합니다. 아버지! 제가 가끔 이런 말을 꺼내죠. "배고픈 상황에서 테이블에 밥과 담배가 놓여 있다면 무었을 갖겠습니까?"라고 물으면 '담배'라고 선뜻 대답하시는데, 장난으로 대하시는 건지 진심이신지 혼란스럽습니다. 왜 그렇게 담배에 미련을 못 버리시는지. 저와 동생에게는 "커서 술은 마셔도 절대 담배만은 피우지 마라"고 하지만 정작 당신은 피우시고 계시니 말입니다. 결단과 인내심을 갖고 건강해지시려는 의지만으로도 충분히 금연하실 수 있을 것 같은 데 그렇게 힘든 일인지 이해가 안 될 때가 있습니다. 가족들에게 간접흡연의 피해도 주고 경제적 손실도 끼치며 잔소리까지 들어가면서 즐기시는 걸 보면 단순한 중독으로만 보기보다는 그 이상의 어떤 것이 있는 것 같습니다. 아버지께서는 고등학교 졸업하시고 다음 해부터 지금까지 담배를 피우셨다고 하셨습니다. 최근 40대 이후 중년들이 건강을 위해 금연을 결심하여 성공한 사례가 많다고 합니다. 아버지께서도 꼭 금연을 하셨으면 좋겠습니다. 바라기는 당신 스스로 건강의 중요성을 깨닫고 흡연 양을 줄여 빠른 시일 내에 끊는 것이지만, 잘 실천하지 못하고 여태껏 살아오셨습니다. 그러나 계속 흡연하시는 아버지를 볼 때 조금씩 두려워집니다. 대한민국 사람, 아니 세계인 모두가 무서워하는 '암'이 저에게 선명히 다가옵니다. 아버지께서는 감기 한 번 걸리시지 않는 건강한 체력이시지만 체력에 장사 없다고 큰 병이 올까 두려워집니다. 인생의 2/3을 담배와 함께 살아오신 아버지! 많을 때에는 두 갑, 적을 때에는 한 갑을 피우시는 모습을 보면 거의 중독에 가까운 것 같습니다. 어릴 때에는 금연하기 위해 노력도 하셨고, 가족에게 피해가 가지 않게 애쓰시는 점들도 보았습니다. 그러나 제가 중학생이 된 이후로는 한 번도 금연을 위해 노력하신 적이 없었던 것 같습니다. 제가 어느새 고등학생이 되어 많은 경고와 부탁을 드려도 변함 없으신 것 같아 안타깝습니다. 가끔 담배가격 인상에 관한 기사가 나올 때마다 아버지께서는 "값이 올라도 금연하지 않을 것이다."라고 주장하셨습니다. 완강하신 아버지의 의지가 약속하지만 '금연하시는 것을 돕기 위해 가족들이 이렇게 애쓴다.'라고 생각해 주심시오. 더 강한 의지로 금연을 결심해 보심시오. '가장 늦었을 때가 가장 빠를 때야.'라는 말이 있듯이 그저 아버지께서 하루 속히 금연을 하시고, 가족끼리 취미생활도 같이 해서 심신이 건강해지시는 게 바람입니다. 아버지! 노랗게 변해버린 치아를 볼 때면 안쓰럽기도 하고 마음도 편하지 않습니다. 담배를 살 수 있는 돈을 절약해서 가족들이 읽을 수 있는 책을 사서 독후 감상을 논하면 작지만 행복할 것 같습니다. 행복은 먼 곳에 있는 것이 아니라 아버지의 금연이 그 시작일 수 있다고 생각합니다. 아들의 작은 바람이자 소망이 아버지의 결심으로 이어져 좋은 결과로 나타나기를 빌면서 아버지! 힘내세요! 파이팅!

아들 올림

만, 글을 읽는 전체 학생들의 감성에 울림을 주기도 한다. 이렇게 학생들은 부모 마음을 생각하게 되고, 부모는 자녀를 이해할 수 있는 소통의 장이 되는 것이다.

『저는 제가 하고 싶은 일을 하면서 사회에 보탬이 되고 싶습니다. '다비다의 집' 봉사활동을 통해 우리 사회의 소외된 이들을 보고 베풂에 대한 생각을 했습니다 …… 특히 관심 있는 분야는 텔로미어입니다. 인간의 수명이 연장되었다고 하지만 주변에는 노환에 시달리는 어르신들이 많습니다. 만약 건강하게 늙을 수 있는 방법을 찾는다면 환자 개인적으로든, 사회 전체적으로든 큰 유익이 될 것입니다. 텔로미어의 연구를 통해 건강한 노년을 이뤄 내고 싶습니다.』

서울대학교에 입학할 당시 3학년 이현성 군의 자기소개서 일부분이다. 대전대신고 학생들은 '봉사'를 통해 내면의 힘을 살찌운다. 봉사를 실천하면서 사랑을 깨우쳐간다. 말로 하는 사랑이 아니라 몸으로 사랑을 알아가는 것이다. 그러한 봉사의 경험이 이현성 군처럼 대학 입시 준비과정에서 자연스럽게 자신을 증명하는 자료로 사용할 수 있음은 당연하다. 대전대신고 학생들은 1학년 때부터 학생생활기록부, 에듀팟, 그리고 입학사정관제를 위한 포트폴리오가 저절로 만들어진다.

"성세 재활원 봉사활동을 다녀와서 정말 많은 것을 느꼈습니다. 재활원에 대해 막연하게 가지고 있던 부정적인 인식도 바뀌었어요. 무엇

아들에게

목련나무 가지 끝마다 하얀 꽃등을 밝혀 봄의 문을 활짝 열어젖히는 환안한 봄이다. 목련꽃의 유백색으로 빛나는 꽃봉오리는 한 마리 단아한 학이 다소곳이 앉아있는 모습이고, 싱그러운 봄바람 속에 활짝 피어난 꽃잎들이 하늘거리는 정경은 마치 학들이 춤을 추는 것 같구나. 엄마는 유난히도 많은 봄꽃 중 그런 목련꽃을 좋아한단다.

사랑하는 아들아!

목련은 꽃봉오리를 북쪽으로 향하면서 꽃을 피운다고 한다. 다른 꽃들이 양지바른 남쪽을 보며 해바라기를 할 때, 목련은 남쪽을 외면하고 오히려 북쪽을 향해 찬 기운을 온몸으로 받아들이며 꽃봉오리를 단련시키고, 결코 찬바람을 피하거나 햇볕과 타협하지 않고 의연하게 꽃을 피운다.

고3 수험생이 된 지금 너의 가슴엔 찬바람이 불고, 따뜻한 햇살도 그립고, 지치고, 힘들지만 힘내어라. 저 작은 꽃도 유난히도 추웠던 지난겨울을 이겨내고 꽃을 피우고 있지 않니? 오늘을 퇴근길에 너에게 줄 책을 한권 샀어. 작자는 이렇게 서술했다.
'그대여. 청춘인 그대여. 지금 아파하라.', '많이 고민하고, 많이 도전하고, 많이 노력하고, 많이 아파하라. 그게 청춘이고, 청춘인 그대가 누릴 수 있는 특권이란다. 아프니까 청춘이다'
그래. 너에게 주어진 힘든 고3을 시련이기보다는 즐겨라. 너의 인생에 있어 청춘이니 마음껏 느끼고, 즐기고, 배우고, 도전하는 젊음이가 되길 소망한다.

아들에게 보내는 편지, 3학년 주대환 군의 어머니 글

보다도 소중한 것은 제 마음이 바뀐 것입니다. 봉사하시는 분들을 보며 '나도 남을 위해 살 수 있는 삶을 살아야지.' 라는 다짐과 각오를 다지게 되었습니다. 특히 아무것도 바라지 않고 정성껏 장애우들을 돌보는 봉사자 분들을 보며 '부모님도 우리를 저렇게 기르셨겠구나.' 라는 생각을 하게 되고, 새삼 부모님에 대한 존경심이 샘

정기적으로 헌혈하는 학생이 전교생의 30%에 이름

솟으며 너무도 죄송한 마음도 들었습니다. 이번 성세 재활원 봉사는 단순히 봉사 시간만 채우고자 한 활동이 아니었습니다. 정말 어디서도 배울 수 없는 중요한 것을 느낀 뜻 깊은 시간이었습니다."

1학년 박한빈 군의 봉사에 대한 자세와 실천이 다양한 방식으로 대전대신고의 시스템 안에 녹아들어 있는 것 같다.

대전대신고에는 헌혈 담당교사가 따로 있는데 놀라운 것은 전교생의 30%가 정기적으로 헌혈을 하고 있다는 것이다. 대한적십자사가 지정

체육대회 당일, 동시에 열리는 이웃돕기 바자회

독거노인들을 돕기 위한 쌀 모으기 행사

하는 '현혈 유공학교'로 지정까지 받았다고 한다.

대전대신고의 모든 행사는 '의미'를 추구한다. 학생들의 축제인 체육대회가 열리면 그 옆에서는 또 다른 축제가 동시에 진행된다. 학부모들이 주로 주축이 되어 이끌어가는 '아나바다운동'이다. 학생들은 자발적으로 기부한 물건들을 체육대회 당일에 바자회를 열어 판매를 하는 것이다.

그리고 매년 5월이 되면, 학생들은 너나 할 것 없이 배가 불룩한 비닐봉지를 들고 등교한다. 바로 쌀 모으기 행사에 기부할 쌀을 담아오는 것이다. 이 행사는 지역 동사무소에서 독거노인들을 돕기 위해 관내 초·중·고 학생들이 모두 참가하여 진행되고 있다.

[두 번째 자신감 : 지혜]

자신감을 만들어주는 요소로서 대전대신고가 학생들에게 심어주고자 하는 인성은 바로 '지혜'이다. 가장 우선되는 것은 '비전과 목표의식'을 세우는 지혜이다. 이를 위해 학교에서는 학생들이 동아리활동

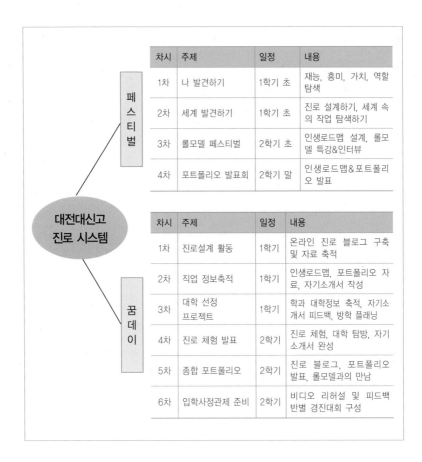

	차시	주제	일정	내용
페스티벌	1차	나 발견하기	1학기 초	재능, 흥미, 가치, 역할 탐색
	2차	세계 발견하기	1학기 초	진로 설계하기, 세계 속의 작업 탐색하기
	3차	롤모델 페스티벌	2학기 초	인생로드맵 설계, 롤모델 특강&인터뷰
	4차	포트폴리오 발표회	2학기 말	인생로드맵&포트폴리오 발표

	차시	주제	일정	내용
꿈데이	1차	진로설계 활동	1학기	온라인 진로 블로그 구축 및 자료 축적
	2차	직업 정보축적	1학기	인생로드맵, 포트폴리오 자료, 자기소개서 작성
	3차	대학 선정 프로젝트	1학기	학과 대학정보 축적, 자기소개서 피드백, 방학 플래닝
	4차	진로 체험 발표	2학기	진로 체험, 대학 탐방, 자기소개서 완성
	5차	종합 포트폴리오	2학기	진로 블로그, 포트폴리오 발표, 롤모델과의 만남
	6차	입학사정관제 준비	2학기	비디오 리허설 및 피드백 반별 경진대회 구성

대전대신고 진로 시스템

을 통해 다양하게 체험하면서 자신의 재능을 알아가도록 지원하는 것이다. 앞장에서도 밝혔듯이 진로 페스티벌과 꿈데이처럼 1학년 때부터 학생들은 자신들의 꿈을 명확하게 세우고 고등학교 3년을 보내게 된다.

꿈을 찾아가는 과정에는 자신을 이해하는 것이 가장 중요하지만, 이에 못지않게 중요한 것이 꿈의 현장을 찾아 나서는 일이다. 그래서 대전대신고에서는 동아리 차원에서 다양한 직업체험, 롤모델과의 만남

대전대신고 학생들의 청와대 견학

등을 권장하고 있다.

대전대신고는 명문고답게 사회에 진출한 선배층이 두텁다. 그래서 더더욱 갈 곳이 많다. 열혈 동아리인 '솔로몬의 지혜'와 '오량독서토론회' 학생들은 청와대와 국회의사당을 방문하기도 했다. 청와대에 방문하여 춘추관, 녹지원 등을 둘러보고, 국회 본회의장에 방문하여 동문 선배인 국회의원도 만나보았다. 학생들은 선배 국회의원과의 인터뷰 시간도 가졌다.

Q 고등학교 시절 정치인의 꿈을 꾸셨나요?

A 어린 시절에는 모두들 가난했는데, 정치인이 되어 그런 가난한 사람들을 도와주고 싶었어요. 나는 초등학교 5학년 시절부터 정치인의 꿈을 가졌어요. 그 당시 김영삼 전 대통령은 26세에 최연소 국회의원이 되셨는데, 나

는 그 기록을 깨고 25세에 국회의원이 되고 싶었지요.

Q 정치인이 되기 위해 많은 어려움이 있지 않으셨나요?

A 그렇죠. 사실 그 당시의 국회의원들은 학연과 지연, 자본 등을 가진 60세
가 넘은 사람들이 대부분이어서 젊은 나로서는 도전하기 어려웠어요. 또
나는 대전대신고 1회 졸업생이었기 때문에 정치에 입문한 선배도, 학연도
많이 있지 않았어요.

Q 그런 어려운 점들을 어떻게 극복해 가셨나요?

A 확고한 신념 때문이었어요. 내가 정치인이 될 것이라고 말하면 많은 사람
들은 절대 하지 말라고 말렸어요. 하지만 나는 팔을 걷어붙이고 더 열심
히 배우고, 많은 사람들과 함께 일했어요. 국회의원이 되고 나서도 그때
당시 노력과 계속된 열정으로 극복할 수 있었어요.

Q 마지막으로 후배들에게 하고 싶은, 들려주고 싶은 얘기가 있으신가요?

A 높은 비전과 넓은 시야를 갖춘 글로벌한 인재가 되기 바랍니다. 준비된
열정을 가지고 앞으로 사회의 많은 분야에 진출하기 바랍니다. 또한 바르
게 생활해서 명품 대신고를 이어가 주기 바랍니다.

2학년 강현종 군은
이재선 국회의원을
만난 후, 그 진솔함
에 놀랐다고 한다.
국회의원 하면 왠지
딱딱하고 거리감이

국회 본회의장에서 선배국회의원과의 만남

느껴지지만, 선배와 후배라는 관계로 만나니 너무 편안하게 소통이 잘 되었다는 것이다.

지혜의 출발은 비전과 목표이지만, 그 다음 단계에서는 그 목표를 이루기 위한 '창의력'과 '집중력'의 지혜가 필요하다. 21세기의 키워드는 '창의력'이다. 그렇게 때문에 대전대신고는 창의력 신장을 높이기 위해 부단히 노력하고 있다.

"당신의 행동이 다른 사람들에게 영감을 주어 꿈을 꾸게 하고, 더 배우게 만들고, 더 많이 행하여, 더 많은 것을 얻게 만든다면 당신은 리더입니다."

수지 오 교장은 백암관 강연에서 'John Quincy Adams'의 말을 인용하여 위대한 리더들의 명언을 전하며 수많은 독서와 교육 경험을

대전대신고 백암관에서 강연하고 있는 수지 오 교장

살려 글로벌시대 창의성 교육의 필요성을 역설하였다. 그는 또 좋은 수업을 위한 다양한 사례를 제시하고 교사들의 끊임없는 노력을 강조했다. 아울러 인성교육의 핵심을 '존중, 책임, 보살핌, 시민의식, 공정함, 신뢰'로 정의했다.

"글로벌 시대, 창의성 교육에 대해 함께 고민해야 합니다. 가장 중요한 것은 바로 교사들입니다. 교사들은 수업 50분 내내 미친 듯이 열정을 다해 가르쳐야 합니다."

한국인 최초로 미국 공립학교 교장이 된, 수지 오 교장의 강연은 감동적이었다. 그는 또 글로벌 리더의 가장 핵심역량은 바로 '창의성'이라고 강조하였다.

대전대신고 교사들의 창의성 교육에 대한 열의는 무척 대단하다. 국내외 다양한 석학들의 창의력 신장에 관한 교육을 학기와 방학기간을 구분하지 않고 지속적으로 하고 있다. 그 중 교직원 연수의 일환으로 뇌공학 전문가인 카이스트 이광형 석좌교수의 특강도 진행하였다.

"'질문하는 습관'을 만들면 '창의력'이 계발됩니다. 반복적으로 노력하면 뇌세포 회로가 만들어지죠. 그러려면 학생들에게 칭찬이 필요합니다. 칭찬을 받으면 뇌세포가 자극을 받아 활성화가 됩니다. 매일 자녀와 학생들의 장점 하나를 찾아 일주일에 한 번씩 칭찬

「창의력 신장을 위한 지도방법은 무엇인가」라는 주제로 강연을 하는 카이스트대 이광형 석좌교수

을 해 주십시오. 그리고 학생들이 질문일기를 쓰는 습관을 가지도록 해 주세요. 우연한 행동이 칭찬을 받으면 뇌세포가 자극됩니다. 이것이 바로 '창의적 재능'이 됩니다."

실제로 대전대신고는 수업 전, 간단한 예습과 함께 수업시간에 물어볼 질문을 적어서 수업에 들어가는 것을 교육운영 시스템으로 정착시켰다. 이런 교육의 일환들이 학생들을 창의적으로 만들 수밖에 없었을 것이다.

대전대신고 학생들의 평상시 다져진 창의력과 집중력의 내용이 유감없이 발휘된 곳은 아마 '도전 골든벨'일 것이다. 프로그램 관계자는 "학생들의 실력이 우수해 30번에서 40번 대의 문제를 풀기까지 이렇게 많은 학생이 살아남은 것은 드물었다."고 학생들의 실력을 높이 평가했다.

2학년 서문규

Q. 두 사람이 골든벨을 울린 것은 이례적인 일인데 예상은 했는지?

A. 제가 골든벨을 울릴지도 예상하지 못했는데, 2명은 상상이나 했겠습니까? 사실 제가 이번에 골든벨에 참가할 때 1차 목표는 1번 문제 통과였습니다. 예전에 호국보훈특집 골든벨에 학교 대표로 나갔는데 1번에서 바로 떨어졌거든요. 그래서인지 울리기 직전까지도 울릴 수 있다는 생각은 하지 못했습니다.

Q. 골든벨에 참여하게 된 계기?

A. 부모님께서 퀴즈 프로그램을 정말 좋아하셔서 전 어렸을 때부터 여러 퀴즈 프로그램을 보면서 자랐습니다. 특히 EBS장학퀴즈와 골든벨이 하는 시간만 되면 부모님께서는 하던 일을 멈추고 프로그램을 시청하게 하셨죠.(그래서 전 1박 2일은 본 적이 10번도 안됩니다ㅋㅋ) 그렇게 오랫동안 봐온 최후의 1인들의 모습은 저에게 로망, 그 자체였고 "언젠가 나도 꼭 이루어 내야지" 라는 생각을 수도 없이 하곤 했는데 마침 저에게 기회가 와서 주저 없이 참여하게 된 것입니다.

Q. 골든벨을 울렸을 때 기분이 어땠는지?

A. 학교시험 마지막 과목 시험시간이 종료되는 그 순간의 느낌이랄까.... 딱 문제를 맞추는 순간 다리에 힘이 풀리고 입에서는 '아! 어떡해!' 라는 말이 연신 터져 나왔습니다. 그리고.. 정말 기쁘고 좋았는데 말로 표현하기가 힘드네요...

Q. 골든벨을 울렸을 때 가장 먼저 든 생각, 인물?

A. 당연히 가족이 제일 먼저 떠올랐습니다. 골든벨 촬영을 하면서도 1번부터 쉬지 않고 문제를 풀어 몸과 마음 모두 너무 힘들고 지쳐있었는데 ,방청석에 앉아있는 가족들을 보면서 에너지 충전을 할 수 있었던 것 같습니다.

Q. 골든벨을 울려서 얻게 된 것이 있다면?

A. 물질적인 것을 물어보시는 건가요? 사실 저에게는 골든벨을 울리면서 얻은 것은 물질적인 것 이상인 것 같아요. 무언가를 이뤘다는 성취감, 할 수 있다는 자신감. 무엇보다도 자신만의 이미지를 형성할 수 있게 된 것. 그 밖에도 얻은 것은 너무 많죠. 김춘수 시인의 '꽃'에서 이름을 불러줬을 때 꽃이 되었다는 구절이 지금 제가 얻은 무언가를 가장 잘 표현해 주는 것 같아요. 골든벨은 저에게 '이름'이 되었습니다.

또한 학생들의 창의성이 발하는 것은 다양한 수상실적으로 증명되고 있다. 2011년도에만 대외적으로 받아온 표창장이 무려 90여 개에 이른다. 이 중 봉사영역에서 받은 20여 개를 제외한 거의 모든 수상이 바로 창의적인 역량에서 나온 것들이다.

대전대신고가 추구하는 청지기적 글로벌 인재의 '지혜' 영역에서 강조되는 세 번째 요소는 바로 '글로벌 마인드' 이다. 교사들이 먼저 해

외 유수 학교 현장을 방문하여 글로벌 마인드를 배우며, 그 내용을 학교의 운영에 끊임없이 반영하고 있다.

"골드코스트 지역에서 대학 진학률이 높으며 IB School College를 시작으로 기독교 정신을 바탕으로 학생들의 전인교육에 중점을 둔 Kings College, 학업성적이 우수하고 학생들의 생활지도가 훌륭한 Saintstephens College, 수업시간에 가스펠송으로 의사소통을 하고, 대학과 연계하여 예술교육을 실시하고 있는 Roseville College를 방문했습니다.

이들 학교에서 인상 깊게 보았던 것은 학생들을 위한 자연친화적 시설과 건축물, 사용자의 편의성에 우선을 둔 실용적인 공간배치였습니다. 캠퍼스를 가득 채운 나무, 잔디, 동선과 아름다움을 고려한 건물, 실용적인 실내 인테리어와 최첨단 멀티미디어 시설이 방문단의 눈을 사로잡았습니다.

이런 친환경적이고 인간 중심적인 디자인을 보면서 학생들을 배려하는 호주 사람들의 교육관을 볼 수 있었습니다. 더불어 교사와 학생들의 상호작용으로 만들어진 수업 참관을 통해 자유로움과 상호존중의 정서를 느낄 수 있었지요. 모자부터 옷, 신발, 가방, 심지어는 양말까지 통일된 복장이었지만, 밝은 모습으로 웃고 이야기하며 공부하는 학생들의 모습에서 엄격한 규율 속의 자유로움을 엿볼 수 있었습니다. 편안하고 자유로운 수업분위기, 교사들은 학생들이 대화, 표정, 몸짓으로 학생 스스로 문제를 해결해 나갈 수 있도록 칭찬과 격려를 아끼지 않았고, 학생들은 그런 교사들에게 존경을 보냈습니다."

연수에 참여했던 장은석 교사는 몇 권의 노트를 가득 채운 메모를 가지고 한국에 돌아왔다. 그는 많은 부분 선진교육에 감탄했지만, 아직

글로벌 리더십 프로젝트 참가로 반기문 총장님을 만난 유영환 군

도 마음속에 깊은 울림으로 남아 있는 장면이 있다고 한다.

"Kings College에서 7~8명의 학생들이 한 무리를 이루어 실의에 빠져 힘들어 하는 친구의 어깨에 손을 얹고 기도하는 모습을 보았습니다. 그리고 우리 학교 현장의 모습을 다시 한 번 생각해 보게 되었습니다."

 그는 교육이란 학생, 교사, 학부모, 교육환경 등의 모든 시스템이 조화를 이루고 그 진심 속에서 사람의 마음을 움직이고 행동을 변화시키는 활동이라는 사실을 깨달았다고 한다.

2학년 유영환 군은 글로벌 리더라는 꿈을 가지고 있다. 그는 글로벌 리더십 프로젝트 프로그램에 대전과 충남의 대표로 참가해 UN, 하버드대학교, MIT공대를 두루 방문하면서, 대전대신고에서 그토록 강조하는 '청지기적 글로벌 리더'가 무엇을 뜻하는 것인지 온 몸으로 체험하였다고 한다.

지난 5월에 'RCY 글로벌 리더십 프로젝트 프로그램(Goloal Leadership Project Program)'에 참가 신청을 해, 대전·충남 대표로 선발되는 기쁨을 누렸다.
7월 12일 첫날에는 서울 강서구 방화동에 있는 국제 청소년 드림텔에서 사전교육을 받고 13일날 인천공항에서 7시 비행기를 타고 미국으로 향했다. 나는 비행기를 타고 가면서 이번 여행을 통해 글로벌 리더십(Global Leadership)을 기르고, 미국의 많은 문화와 역사를 배워 세계가 발전할 수 있도록 꿈을 키워야겠다고 다짐했다.
14시간의 비행을 마치고 밤8시(미국시 기준)에 존 에프 캐네디 국제공항에 도착

했다. 우리는 시간차 적응을 위해 뉴욕의 크라운 프라자 호텔(CROWN PLAZA HOTEL)에 머물러 잠을 잤는데 그 시간은 한국 시각으로 아침9시 정도 되는 시간이기에 잠은 잘 오지 않았다.

둘째 날에 우리는 일어나자마자 UN본부로 가서 반기문 사무총장님을 만났다. 반기문 총장님은 인도주의 사업과 글로벌 리더에 관해 여러 가지 조언을 해 주셨다. 그리고 우리가 질문할 수 있는 시간이 있었다. 질문은 지난 5년간 UN 사무총장이 바라본 세계관, UN사무총장의 스트레스 해소, NBGS 추진, 청소년이 관심을 가지고 실천했으면 하는 것들은 무엇인가 등 다양했다.

질문의 순서대로 반기문 총장님의 응답을 정리하면 다음과 같다.

친환경적 보존을 하고 전쟁은 없어져야 하며 모든 세계가 힘을 합쳐서 잘 살려고 노력을 해야 한다. 사무총장의 일을 하면서 여러 가지 압박과 힘든 일이 많이 있지만 별도의 해소법은 없고 그냥 자연적으로 일을 하며 해소한다. 한국적 시각을 벗어나 세계의 시각을 가져 문화를 발전시키고 세계에 늘 관심 가져서 가난한 나라의 아이들에게 약간의 돈이나 물건을 기부해 도와주었으면 하는 것이다. 그런데 이날은 수단이 193번째로 UN에 가입하는 날이라 오래 뵙지는 못하였다.

나는 총장님의 말씀을 듣고 나도 세계가 잘 살수 있도록 이끌 수 있는 직업을 가져야겠다는 다짐을 했다.

또한 나는 UN뿐만이 아니라 하버드 대학교, MIT공대도 다녀왔다. 하버드 대학교에서는 우리 한국인 유학생을 만나 하버드 대학교에 관한 이야기를 들었다. 그리고 MIT공대를 갔는데 MIT는 많은 기술을 보유하고 있지만 그 기술들이 지금은 우리의 세대에 맞지 않고, 이런 기술을 받아들일 준비도 되지 않았기 때문에 그 기술들을 아직은 쓸 수 없다는 것이었다. 우리나라도 더욱 발전된 IT산업으로 이런 기술에 빨리 적용해서 우리 모두가 편리하게 되었으면 좋겠다는 생각이 들었다.

유영환 군의 글로벌 리더십 프로젝트 프로그램 참가 소감문

대전대신고에는 학생들이 주축이 되어 발간되는 영자신문이 있다. 여러 학생들의 인터뷰와 뉴스 그리고 교사들의 글이 영어로 소개가 된다. 영자신문을 읽는 학생들은 자연스럽게 글로벌 언어를 익혀가게 된다.

A Trip to the South America

Teacher Jung In-sun teaching geography travelled 8 South American countries for 20 days during this winter vacation. The following is just a part of her journey.

translated by
Oh Hyun-Seok

Lima - the capital of Peru

The city of mist: Lima. When I put my feet down in the Lima Airport, I had the impression that this airport would be one of the best airports in South America. A lot of signs advertising korean companies such as LG and Samsung made me feel proud that I am a Korean. Lima is located on the Pacific coast. About eight million people live in this city. Due to the effects of cold currents and low rainfall, it has an arid desert climate. Thanks to the Limak river formed by the water from the Andes mountains, Lima is able to develop. There are many slogans that mean "Water is Life" in the city. Neatly arranged luxurious downtown houses and poorly built clay houses highlighted that there exist large gaps between social classes.

Machu Picchu - lost city of Inca

One of the world's seven wonders, Machu Picchu is called 'Air City'. It was designated as the World Heritage by UNESCO in 1983. Machu Picchu means 'Old peaks' in Kechu language. Machu Picchu is like a fortress when it is seen from above. It is not visible from the mountain below because it is surrounded by mountains. I came to realize that this is why people call it 'Air City'. The city divided itself into several sections according to function: temple, residential area for nobles and for common, and agricultural land. Almost 140 buildings and terraced farms remain there in harmony with their surroundings. A lot of wells and waterways run down between each buildings. Each building is connected with huge stone steps. Every year many tourists visit Machu Picchu. As a result, Machu Picchu sinks down a few inches each year. It is being destroyed slowly. The Peruvian government limits the number of tourists. This solution does not seem like it will solve the problem.

▶ Lima

▶ Machu Picchu

학생들이 주축이 되어 발간하는 영자신문

[세 번째 자신감 : 인간관계]

관계의 출발은 인격이다. 인격은 타인과 접촉할 때 드러난다. 21세기 글로벌시대에 인격은 매우 중요한 경쟁력의 원천이다. 인격은 신뢰를 만들며 신뢰는 Power와 생산성을 만든다. 대전대신고는 인격이 왜 중요하며 어떤 역할을 하는지 배우고 훈련한다.

대전대신고에서 실천하는 다섯 가지 'Five인격'은 다음과 같다.

① 밝은 미소로 먼저 인사하기

② 바른 자세

③ 곱고 친절한 말씨

④ 약속 지키기

⑤ 이타적인 삶

"인격은 혼자 있을 때는 나타나지 않지만 인간관계의 과정에서는 잘 드러나게 됩니다. 사람이 사람을 만날 때 먼저 밝은 미소로 인사하면 참 좋아 보입니다. 대화를 나눌 때는 곱고 친절한 말씨로 품위 있게 말하면 또 좋아 보입니다. 그럴 때 몸가짐 또한 삐뚤어지지 않고 반듯하면 더 좋아 보입니다. 조선시대 선비들이 갓을 쓴 이유가 바로 자세를 바로 하기 위해서이죠. 자세가 삐뚤어지면 갓이 망가지기 때문입니다. 이렇게 먼저 인사하고 바른 자세에 고운 말씨를 써도 약속을 안 지키는 사람이라면 좋은 인격의 이미지는 다 물거품이 되지요. 그래서 약속이 중요한 인격의 요소가 됩니다. 마지막으로 우리가 존경하는 사람들은 대개 남을 위해 이타적인 삶을 산 사람들인 경우가 많습니다. 그것이 인격의 정점입니다. 이타적인 삶을 사는 사람들은 세상

사람들의 존경을 받으며 사람들은 그 권위를 인정하여 그 사람의 말을 경청하려 합니다."

이강년 이사장은 이렇게 다섯 가지를 Five인격으로 정리하고 학생들에게 실천을 강조하였다.

인간관계 측면에서 '인격'에 더하여 필요한 요소는 '소통'일 것이다. 훌륭한 인격의 사람들이 모이면 소통도 쉬워진다. 그렇기 때문에 대전대신고는 입학과 함께 바로 '소통'을 훈련시킨다. 소통의 일환으로 개교 이래 지속해 온 '상견례 전통'이 있다.

개학과 함께 신입생 전체와 재학생 전체가 상견례를 한다. 선배들은 후배들의 입학을 사랑으로 환영해 주고, 후배들은 선배들의 사랑에 존경심으로 답한다. 상견례는 개교 이후 계속해 온 대전대신고의 전통적인 행사로서 선후배 간의 관계를 돈독하게 한다. 신입생들에게는 빠른 적응력과 애교심을 길러주고, 선배들은 그에 맞는 책임감을 갖

신입생과 재학생의 상견례 모습

게 해 준다. 상견례 때는 총동창회가 마련한 장학금도 전달되어 선후배와의 분위기는 더한층 부드러워지게 된다.

선후배와의 소통을 위한 시도는 지금도 계속되고 있는데, 오랜 역사를 자랑했던 '브라스밴드'도 다시 부활시켰다. 브라스밴드 부활을 통해 선후배와의 따뜻한 만남의 장을 연출했던 장면을 2학년 운동한 군의 관람기로 소개하고자 한다.

> 지난 8월 19일(금) 오후3시 30분, 백암관에서 우리 학교의 전통이 부활했다. 그것은 바로 브라스밴드. 과거 전국을 제패했던 우리 학교브라스밴드가 재창단된 것이다. 1학년과 2학년으로 구성된 후배 브라스밴드를 위하여 학교체육관강당에서 선배들이 시연회를 개최하였다. 이 시연회에는 이강년 재단이사장을 비롯하여 중고교장 선생님과 유영길 고문, 대전 대신 중·고등학교 학생들이 참석하여 뜨거운 갈채를 보냈다. 전국 유명 관현악단에서 실력을 발휘하고 있는 졸업생들이 '주의사랑 비칠 때에' 등 모두 네 곡을 연주하였다. 선배의 뛰어난 연주에 시연회가 끝난 후에는 후배의 아낌없는 박수가 이어졌다.
> 시연회가 끝난 후 한 선배는 "정말 반가웠다. 이번 기회를 통해 옛날 생각이 새록새록 나서 좋았고, 후배들이 생긴다니까 반갑다. 새로운 브라스밴드가 과거의 영광을 재현하기를 바란다."라며 시연회를 성공적으로 마친 소감을 말하였다. 그리고 밴드가 성공하기를 기원한다며 덕담도 아끼지 않았다.
> 이제 막 시작한 밴드지만 과거 선배들의 전통을 이어받아 승승장구할 것으로 기대하고 있다. 한편 이번에 재창단한 브라스밴드는 우리 학교 손윤모 음악교사가 단장으로 취임하여 운영하게 된다.

2학년만의 특색을 살리는 창의적인 소통 축제도 있다. 바로 '합창제'이다. 합창을 준비하는 모든 과정에서 서로 친밀해지는 즐거움을 경험하게 된다. 2학년 12개 반이 참가하는데, 대회 날에는 많은 학부모

재창단된 브라스밴드를 위한 선배들의 시연회

들이 함께 참석하여 축제를 빛내 준다. 통기타 동아리의 연주, 담임선
생님들의 합창공연 등 다양한 볼거리도 있다. 클로징은 시상식으로
반주자상, 지휘자상 등 테마별로 시상하고, 담임교사들이 학생들에게
장미 한 송이씩을 나눠주는 퍼포먼스로 끝을 맺는다.

대전대신고는 공부로 심신이 지친 고3 학생들의 소통을 위해서 금강
탐사체험과 래프팅을 떠나기도 한다.
전북 진안 용담댐부터 시작하여 무주까지 약 18km 구간에서 펼쳐졌
던 래프팅은 입시 준비로 지친 고3 학생들이 누적된 피로를 씻고 새
롭게 출발하는 다짐의 계기가 되어주었다.
"학생들이 우리 민족의 젖줄인 금강에 관심을 갖게 된 것은 물론, 교우
간 우정을 돈독히 하고 잊지 못할 아름다운 추억을 만들었습니다."
고3을 위한 캠프를 주도한 이래관 학년부장은 다른 학교에서 엄두도
내지 못하는 고3 캠프에 대해 확신을 가지고 있었다. 실제로 당일 캠

프로 스트레스를 날린 고3 학생들의 여름방학 공부집중도는 상당히 높아지고 능률이 오른다는 평가이다.

고3 학생들을 위한 학교의 배려는 여기서 끝나지 않는다. 많은 학교들이 수능시험이 끝난 고3 학생들에 대해 어떤 도움을 주어야 할지 갈피를 못 잡는 경우가 많지만, 대전대신고는 다르다.

400여 명의 가까운 고3 학생들은 수능을 마치면 선생님들과 함께 겨울캠프를 떠난다. 2박 3일간 진행되는 캠프에서 스키강습은 물론, 장기자랑 등의 축제를 만든다. 또한 수능 이후 성공적인 대학생활과 그 이후를 위한 진로코칭 아카데미를 열고, 여기에는 동문 선배들이 대거 참여하여 후배들의 진로 멘토링을 지원하기도 한다.

대전대신고의 '소통'을 위한 노력은 전방위적이다. 학생과 학생, 학

고3 학생들을 위한 신나는 레프팅

수능을 마친 고3 학생들의 겨울 스키캠프

일정	강의내용	
11.14(월)	졸업앨범 학급별 기획 및 교장선생님 특강	
16(수)	이영규(교총변호사)	예비 부모교육(굿네이버스)
18(금)	오한진(총동창회장)	권중영(대전지검 검사)
22(화)	이동진(건양대 경찰학과)	흡연교육
23(수)	김용세(대전대 법학과)	청소년 소비자교육
24(목)	양태규(목원대 지능로봇)	김길수(경북대 수의학과교수)
25(금)	이태헌(천성원 사무장)	이재선(국회의원)
12.7(목)	송양헌(목원대 생화학)	정용남(우송대 외식조리)
8(목)	최종영(충남대 식물자원)	청소년 성교육(에이즈 예방)
9(금)	정용선(경찰청치안감, 충남 경찰청장)	김대영(다음 power블로거)
16(금)	유희상(감사원 정보감찰단장)	황경숙(목원대 나노미생물)

생과 교사, 선배와 후배, 그리고 재학생과 동문선배의 소통까지 시도한다. 신입생들부터 고3 수능을 마친 이후의 고3 학생들까지 소통을

졸업생들이 기획, 진행하는 대전대신고만의 졸업식

후배 대전대신고등학교를 졸업하는데 기분은 어떤가요?

선배 학교에 처음 입학할 땐 남자들만 있고 두발규제도 엄격하고 공부하는 시간
도 길어서 이곳에 '적응할 수 있을까?'하고 걱정을 많이 했습니다. 하지만
시간이 지날수록 학교에 정이 들고 친구들과 친해지면서 학교를 다니는 일
이 무척 재미있었습니다. 때문에 졸업하는 심정은 정말 시원섭섭합니다. 대
신고 생활 3년 힘들었지만 돌이켜 보면 잊지 못할 추억들이 정말 많았고 재
밌는 일도 굉장히 많았던 시간이었던 것 같습니다.

후배 고등학교 재학시절 가장 기억에 남는 점이 있다면 어떤 것이죠?

선배 저는 싸이빌(발명 동아리)에서 3년간 발명, 창의력대회, 연구대회 등의 활
동을 하였습니다. 발명은 제가 정말 좋아했고 잘 할 수 있다고 생각한 활동
중에 하나였습니다. 그래서 저는 발명에 고등학교 생활의 많은 시간을 투자
하였고 정말 열정적으로 활동하였습니다. 저는 이렇게 고등학교 시절 어딘
가에 열정적으로 몰입한 기억들이 추억으로 남습니다. 여러분도 고등학교

시절에 학업 또는 자신이 잘하고 좋아하는 활동을 해 보셨으면 좋겠습니다.
후배 마지막으로 학교를 꾸려 나갈 후배들에게 한마디 해주세요.
선배 후배님들, 사람들은 자면서 꿈을 꿉니다. 하지만 어떤 사람들은 깨어있으면서도 꿈을 꿉니다. 이런 사람들은 아주 위험한 사람들입니다. 자신의 꿈을 반드시 이뤄 내고 마니까요. 저는 후배님들이 잠을 잘 때뿐만 아니라, 깨어 있을 때에도 꿈을 꾸는 위험한 사람들이 되었으면 좋겠습니다.

위한 노력은 멈추지 않는다. 그리고 이러한 소통의 마무리는 졸업식에서 정점을 찍는다. 대전대신고의 졸업식은 졸업생들이 기획하고 졸업생들이 진행한다고 한다.

그야말로 졸업생의, 졸업생을 위한, 그리고 졸업생에 의한 축제이다. 독특하게 내빈이 먼저 들어와서 졸업생들을 축하해 주는가 하면, 기존의 딱딱한 학사보고, 졸업장 수여, 학교장 훈사 대신 직접 제작한 UCC를 스크린에 띄우고 졸업생 한 명 한 명이 직접 단상에 올라가

졸업장을 받는다. 이 모든 진행은 물론 졸업생들이 한다.

일반 졸업식의 교복 찢기, 밀가루 뿌리기, 계란 투척 등은 대전대신고에서는 찾아볼 수 없다. 시종일관 서로를 사랑하는 마음과 선생님들을 존경하는 마음으로 가득 찬 졸업식은 그야말로 신입생들이 입학하는 그 순간부터 졸업하는 그 순간까지 학생 한 명 한 명에게 소홀하지 않겠다는 대전대신고의 신념을 보여주는 것일 것이다.

'땀' 그리고 '끼'

지금까지 자신감과 자존감을 키우기 위한 세 가지 '마음, 지혜, 인간관계'에 대해 정리해 보았다. 그렇다면 이를 지속시킬 수 있는 힘은 무엇인가? 대전대신고가 찾은 해법은 '스포츠'와 '예능'이다.

"학교에서 선생님들에게 가장 중요한 과목이 무엇이냐고 물어보면 대부분 영어, 수학이라고 대답합니다. 저는 가장 중요한 과목을 '체육'이라고 생각합니다. 왜냐하면 체육은 평생 해야 하는 것으로 게을리하면 몸은 약해질 수밖에 없습니다. 체육은 신체뿐 아니라 정신까지 건강하게 만든다는 것을 누구나 알고 있습니다.

그래서 학교 운영 프로그램에 원래는 체육시간이 없는 고2,3학년 시간표에도 체육시간을 넣게 했습니다. 혈기가 왕성한 아이들이 체육을 통해 넘치는 에너지를 발산하게 되면 신체건강은 물론 정신건강에도 좋은 영향을 미쳐 아이들의 사고에도 지구력이 생겨 긍정적으로 건전해질 것입니다. 해외 선진교육에서도 고등학교에서 하루에 2시간 이상

체육을 시키는데 다른 과목은 학생들이 선택하지만 체육만큼은 의무적으로 시킨다고 합니다.

우리나라는 중등교육법이 근본적으로 바뀌어야 합니다. 다행히 요즘 토요일 수업이 폐지되면서 예체능 활동을 강화하는 학교가 늘어나고 있다는데 참 좋은 현상이라고 생각합니다."

이사장의 청지기적 글로벌 리더을 위한 인성교육은 바로 '스포츠'와 '예능'에서 완성된다. 이 부분을 빠뜨리면 대전대신고를 제대로 이해했다고 할 수 없을 것이다. 그만큼 '땀'과 '끼'는 대전대신고에 중요 교육이다.

각종 스포츠 대회에서 좋은 성적을 낼 수 있었던 것은 이미 교내에서

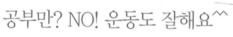

FC길잡이「팀 외 다수의 우리 학교 풋살 동아리(나원석 외23명)가 전국대회에 참가해 입상하는 쾌거를 이뤘다. 지난 7월 26일~8월 28일까지 대구에서 열린 2011 NikeCup 풋살 대회에 참가해 158개 팀 중 7위라는 좋은 성적을 거뒀다.

그 동안 풋살 동아리는 틈틈이 시간을 내 조직력을 다지는 등 이번 대회를 위해 많은 준비를 했다. 이번 대회의 조력자 역할을 한 송형규 지도교사는 "학생들이 학업으로 인한 스트레스를 조금이나마 줄 수 있는 경험이 되었고, 팀원들끼리 많은 대화와 소통으로 끈끈한 우정을 다지게 되서 좋았다"고 말했다. 한편 우리 학교 재학생들이 지난 10월에 치러진 대전광역시 교육감배 학교 스포츠 클럽 대항전에서는 400m 계주와 배구 종목에서 각각 준우승을 차지했다.

다양한 스포츠에서 두각을 나타내는 대전대신고 기사

다양한 대회를 만들고, 동아리를 구성하여 스포츠를 즐기는 문화가 있었기 때문이다. 교외 풋살 대회에 참가했던 나원석 군은 경기 소감에 대해 다음과 같은 글을 남겼다.

「가장동 풋살장에 들어서는 순간 심장이 두근거렸다. 친구들과 선배, 선생님들이 지켜보고 있었기 때문이다. 경기 전, 팀 단체사진을 찍으며 서로 농담도 하고 페어플레이를 다짐하는 등 훈훈한 기운이 감돌았다. 그리고 경기는 불상사 없이 잘 끝나서 좋았다. 선생님들도 참가했는데 교사 팀은 3전 3패를 했다. 후훗, 정말 나이를 속일 수는 없나 보다. 그렇지만 바쁜 시간을 내어 우리와 함께 땀 흘리고 격려하고 위로해 주신 선생님들께 무척 감사하다. 그리고 이런 계기로 선생님들과 더 좋은 관계가 형성된 것 같아 기뻤다. 또한 팀원 간 협동심도 배울 수 있었다. 오늘은 정말 최고의 날이다.」

풋살 동아리 학생들

대전대신고의 자랑거리 중에 사격부를 빼놓을 수 없다. 사격부는 1976년에 창단되어 전국 대회 때마다 상위 성적을 휩쓸고 있다. 전국 체전 연속 우승(2005, 2006) 등 수많은 수상 실적을 거두며(전국규모 대회 150회) 지역 최고의 명문 사격부로 위상을 굳건히 하고 있다. 특히 장갑석(3회 졸업, 한국체육대학교 학장), 최은식(7회 졸업), 길양섭(32회 졸업) 등 대전대신고 졸업생들이 국가 대표로 활약하면서 대신고 사격부를 빛내고 있다. 윤승호 감독(1회 졸업), 박희복 코치(9회 졸업)의 엄격하고 자상한 지도 아래 대신고 사격부는 공부와 운동을 병행한다는 원칙을 세우고 달려가고 있다.

스포츠와 예능이 자신감을 지속시키는 힘을 만들어 준다. 예능은 디자인에 대한 교양을 포함한다. 예능적 관심과 마인드가 학생들에게 창의력을 일깨워주는 것이다. 또한 생활의 여유를 만들어주며 유머감각도 이끌어준다. 이제는 서양뿐 아니라 동양에서도 지도자의 덕목중 인격과 함께 '유머'가 매우 중요한 덕목으로 자리 잡았다. 때문에 예능을 통한 창의성과 유머감각 그리고 디자인 교양이 강조되고 있는 것이다. 대전대신고가 가진 강인함과 세련됨 그리고 멋과 여유는 스포츠와 예능을 강조하는 문화에 바탕을 두었다.

학생들 중에는 유머가 넘치는 학생들이 꽤 있다. 그들은 소소한 학교 생활 속에서 꿈틀거리는 재치를 유감없이 발휘하며, 어떤 규칙을 찾아 캐릭터를 만들어 낸다. 교사들의 얼굴을 스마트폰 어플리케이션으로 닮은꼴 연예인으로 매칭시켜 소식지 신문에 버젓이 게재해 웃음을

주기도 한다. 그런데 타겟이 된 교
사들은 오히려 즐거워한다. 학생들
과의 소통을 즐기기 때문이다. 그
중 몇몇 교사들은 독특한 캐릭터를
구축해 학생들을 팬으로 거느리기
도 한다.

학생들이 자발적으로 만든 '고사
모'라는 팬클럽이 있다. 고기를 사

'터미네이터'로 통하는 박한준 교사

랑하는 사람들의 모임이 아니라, 고신우 교사의 팬클럽이다.
아이러니한 것은 고신우 교사는 가장 무서운 '카리스마의 전설'로 통
하는 교사라는 것이다. 학생들을 벌벌 떨게 만드는 존재인데, 팬클럽
이 있는 것이 이상한 노릇이다.
일명 '스탠다드 송'으로 불리는 송기준 교사도 있다. '청소'하면 떠
오르는 교사로 청결하지 않으면 불같이 화를 낸다. 그럼에도 가장 인
정이 많은 교사로
정평이 나 있다.
"샘, 솔직히 얘기해
주세요! 청소와 공
부 중 어떤 것이 더
중요하다고 생각하
세요?"

'스탠다드 송' 송기준 교사

적어도 송기준 교사에게는 매우 심각한 질문이다. 장난스러운 질문에도 그는 매우 심각하게 대답한다.

"공부보다는 청소가 우선시 되어야 한다고 생각합니다. 항상 저희 반 아이들에게도 말하지만 그 이유는 간단하죠. 청소를 통해서 봉사심, 배려심, 근면함, 청결함을 배울 수 있습니다. 그렇게 형성된 좋은 성품으로 인하여 결국 공부도 수월해지고 궁극적으로는 올바르게 성숙할 수 있다고 생각하기 때문에 저는 청소를 더 우선시합니다."

학생들이 그를 따르는 이유는 바로 이것이다. 엄격하지만 정말 정이 많고 학생들을 진심으로 대한다. 스탠다드 송을 포함한 대전대신고 대부분의 교사들이 자신의 과목에 대한 전문성을 매우 철저하게 유지하여 최고의 수준으로 학생들의 학습을 이끌어간다. 하지만 결코 중요한 인성교육을 소홀히 하지는 않는다는 것이다.

평상시에 꿈틀거리는 예능의 감각과 에너지가 집결되어 뿜어 나오는 시간은 따로 있다. '오량인 페스티벌'과 같은 축제이다. 특히 이번 페스티벌에서는 일명 '대신학당(change)'이라는 교사와 학생이 역할을 바꾼 연극이 대박을 터뜨렸다.

'대신학당(change) 연극 장면

대전대신고 학생들의 예능에 대한 '끼'는 매우 다양한 방식으로 표출된다. 현재 이 학교에

실용음악반 동아리 대신선교단(J.G-Band)

는 창의체험 동아리 40개, 진로탐색 활동 동아리 20개, 예체능 동아
리 20개가 존재한다. 그야말로 예능천국이다. 학생들은 정말 다양한
자치활동에 속하여 자신의 가능성을 점검하고 즐기면서 자신의 학창
시절을 가꾸고 있다. 그리고 대부분의 동아리가 수준급의 실력을 갖
추고 있다. 실용음악반 동아리인, 대신선교단(J.G-Band)은 지역경연
대회에서 동상을 거머쥐었고 참가한 모든 팀 중에 관중의 호응도가
가장 높았다.

다양한 동아리가 존재하다 보니, '끼'가 있는 학생들을 먼저 섭외
하기 위한 경쟁도 치열하다. 학생들은 자체적인 홍보문구를 만들어
기회 있을 때마다, 교정 여기저기에 동아리를 노출한다. 마치 대학
캠퍼스의 대자보나 포스터 분위기와 유사하다.

또 한 번의 비상(飛上)을 선포합니다

"우리도 비전에 동참하고 싶어요. 전교생이 알 수 있도록 꼼꼼하게 설명해 주셔야 해요!"

2학년 이윤식 군과 1학년 홍태균 군이 문성윤 교사를 마주하고 앉아서 신신당부를 한다. 2013년부터 학교가 자율형 사립고로 지정되는 것에 대해 학생 전체가 함께 이해하고, 응원해야 하기 때문에 신문반 학생들이 이를 학교신문에 넣기로 결정한 것이다. 미래교육부 문성윤 교사는 언론인터뷰 때보다 더 진지하게 학생들의 인터뷰에 응하였다.

대전대신고의 학생들은 학교에 대한 자부심이 강하다. 자신들이 다니는 학교가 '자율형 사립고'로 바뀌는 것에 대해 결코 무관심하지 않다. 교사들 역시 모든 과정을 학생들과 공유하려고 한다.

자율형 사립고의 기획 및 홍보를 담당하고 있는 그는 학교의 변화에 대해 언론이나 외부 홍보를 하기 전에 먼저, 학생들을 만나 설명해 주고 설득하며 생각을 공유해 왔다.

Q 우리 학교가 교육과학기술부 선정 '자율형 사립고등학교'로 전환되어 내년부터 글로벌 리더 양성을 위해 새로운 도전을 하죠.
'자율형 사립고등학교'란 무엇인지, 그리고 자율형 사립고등학교가 되는 것에 대한 우리 학교의 각오는 무엇인가요?

A 창의 · 인성의 글로벌 리더 양성이 요청되는 시대에 접어들면서, 대전대신고는 앞서 변화하고 변화를 선도하기 위한 시스템을 운영하고 있다. 이를 위해, 2010년 학교개혁위원회를 구성하여 제2의 창학을 목표로 새롭게 학교의 비전, 교사사명, 학생선언을 제정하고 2011년부터 '꿈을 지닌, 봉사와 창조적인 글로벌 리더 양성'을 위해 창의 · 인성교육과 학력신장을 함께 이루고자 한다.

개인의 창의성과 능력을 최대한 발휘할 수 있는 풍부한 자료 중심의 수업을 통하여 지식·정보화 사회에서 요구하는 인재를 배양할 수 있는 교육 환경은 물론 이를 구현할 수 있는 구성원들의 의지가 매우 강하다. 위와 같은 목표와 조건하에 특성화된 교육과정과 현대화된 교육환경의 조성으로 21세기 지식기반 사회를 주도할 실력과 인성을 겸비한 우수한 대전광역시의 인재들이 마땅한 교육 환경이 없어 타 지역으로 유출되는 현상을 막고 싶다. 동시에 우리 고장의 훌륭한 인재를 우리가 교육시켜 국가 발전에 기여하는 인재로 육성코자 한다.

또한 특성화된 교육과정 운영으로 글로벌 시대가 요구하는 유능한 인재를 육성하며, 교육과정의 특성화 및 차별화로 학교 교육력을 극대화시키고, 세계적 수준의 명문 고등학교로 도약하고자 한다.

Q 자율형 사립고등학교의 장점은 무엇이 있을까요?

A 형평성을 강조한 교육정책은 우수 사학의 발전의지를 약화시키고, 교사 및 사립학교의 침체를 불러오는 중요한 요인이 되었다. 자율형 사립고등학교로의 전환은 우리 학교 교사들의 교육에 대한 소명의식을 높이고 학습지도 능력을 키우기 위한 노력을 촉진하게 될 것이다.

우수학생 모집으로 명문사학으로 발돋움하여 대전대신고에서 학생을 교육하는 교사로서의 자긍심을 높이는 계기가 될 것이다. 학생들에게는 대학 입시를 위한 사교육이 필요 없도록 학생들의 학업을 관리하는 체제를 마련하고 실천한다. 이를 위하여 선진형 교과교실제를 운영하며, 진로에 맞는 교육과정을 편성하고 선택과목 다양화를 통한 실질적인 학생 선택권을 보장하고자 한다.

수업시간은 블록타임제 운영을 통한 수업운영의 효율화와 학업성취도를 향상시키고자 한다. 아래 내용은 구체적인 방안이다.

가) 정규 교과 수업을 내실 있게 운영

나) 수준별 수업 반 편성

다) 시험 피드백

라) 독서실 연중무휴 운영으로 효율적인 학습 분위기 유도

마) 소단위의 방과 후 학교 프로그램 운영을 통한 효율적인 학습

Q 선진형 교과교실제의 장점으로는 무엇이 있을까요?

A 교과교실제란, 각 교과마다 특성화된 전용교실을 갖추고 학생들이 수업시간마다 교과교실로 이동하며 수업을 듣는 학교운영 방식이다.

먼저 자신의 적성과 수준에 딱 맞는 수업이 가능하고 학생들이 자신의 진로와 적성에 맞는 과목을 선택할 수 있는 다양한 선택과목 개설로 학생의 적성과 수준을 고려한 수준별·맞춤형 교육이 이루어진다. 교과교실의 특성을 활용한 창의적인 교실 수업을 하며 교과와 연관된 현장 체험학습을 위해 지역사회와 연계한 다양한 교육활동을 실시할 수 있다. 학생들의 생활공간인 '홈베이스'는 개인 물건을 보관할 수 있는 사물함이 설치되고, 학생들이 학교생활 정보를 얻고, 반 친구들과 교류하는 장소가 된다. 또 교과 특성이 반영된 교과교실이 구축되고 선생님들이 수업 전문가로서 교과연구에 집중할 수 있는 환경이 조성되는 것 또한 장점이라고 할 수 있다. 교사는 교과별로 새롭게 구성된 교사 연구실에서 교과 및 교수·학습방법 연구와 함께 학생 진로상담·학습방법 연구와 함께 학생 진로상담·생활지도를 하게 된다. 교사의 전문성 신장을 위해, 수업 분석실을 통한 모니터링, 행정업무경감 지원 등이 이루어질 것이다.

Q 미래 우리 학교의 모습을 그린다면 어떤 모습일까요?

A 획일적인 교육이 아닌 학생 개개인의 능력을 함양하고, 자율적·합리적인 판단 능력과 책임의식을 키우는 학교, 학생 개개인이 개인주의와 이기심에 사로잡히지 않고, 사회적 질서, 배려, 양보, 희생 등의 시민의식을 키우는 학교, 학생들의 글로벌 마인드 및 국제 이해, 포용, 관용 등의 글로벌 시민의식을 함양하는 학교가 될 것이다.

또한 학생들이 자기주도적으로 학습하여 자신의 꿈과 미래를 찾아가는 학교가 될 것이다. 그리고 누구나 오고 싶은 학교, 인성과 실력을 갖춘 학생들이 글로벌 마인드를 가지고 창의적인 인재들이 많이 배출되는 학교가 될 것으로 믿는다.

대전대신고
소프트웨어 그리고
하드웨어

Appendix

자기주도학습 역량 프로그램

가. 자기주도학습이란?

사람은 누구나 한 가지 이상 남보다 뛰어난 재능을 갖고 태어난다는 것을 전제로 하여, 이 재능을 일찍 발견하고 효과적으로 개발할 때 보다 성공적인 삶을 살아갈 수 있다. 자신의 재능을 발견해 그에 맞는 학습목표를 세우고, 그 분야의 대가로 성장해 나가기 위해 주도적으로 삶을 관리하도록 지원하는 자질교육 프로그램이다. 이 프로그램은 학생들의 재능을 발견하고 개발해, 세계적인 인재로 성장해 나갈 수 있도록 도와주는 교육 프로그램이다.

즉, 자기주도학습은 학습자 스스로 학습의 주인공이 되는 프로그램이다. 기존의 교사중심의 강제·통제·주입식교육·문제풀이·단순지식 암기 등으로 왜 해야 하는지 모르면서 참여하던 수동적인 과정의 학생이 아니라, 학생 스스로 자기 삶을 계획하고 주인공으로서 자기애와 열정으로 스스로를 만들어가는 적극적이고 능동적인 학습과정이다. 학습에서의 성공체험을 통해 자존감을 높이며, 미래사회의 글로벌 리더로 성장하기에 적합한 프로그램이다.

1) 목적
- 이 프로그램은 학생들의 재능을 발견해 그에 맞는 학습목표를 설정해 그 목표를 이루어 나가기 위함이다.
- 학생들이 가진 재능을 살려 지속적으로 개발시켜 나가는 주도력

과 리더십을 향상시키기 위함이다.

- 팀워크를 가지고 함께 성과를 이루어 내는 인성 및 자질을 함양시키기 위한 장기적 목적도 내포하고 있다.

2) 목표

- 재능발견 및 자기 성찰력 증진
- 세계의 진로 분야에 대한 Insight 확대
- 자기에게 적합한 학습시스템을 구축해 학습부분 성과 증진
- 자기관리 능력 향상 및 협동하는 자세에 대한 인성적 측면 성장

나. 완전 자기주도학습 교실운영 시스템 구축

1) 플래닝과 피드백 시스템

- 오전 플래닝 : 매일 아침 20분 오늘 하루 공부계획 수립을 통한 플래닝 습관형성
- 주간 피드백 : 매주 금요일 9교시 반별 피드백을 통한 자기성찰 능력 강화
- 시험 플래닝 : 시험 3주 전 플래닝 원리에 의한 시험공부 계획 수립, 시험 때마다 성장경험
- 방학 플래닝 : 방학 1주일 전 플래닝 원리에 의한 공부, 경험, 습관목표 플래닝, 성공적인 방학경험

2) 학교 수업성공 시스템(몰입수업 4원리)

- 경청하기(Listening) : 매일 아침 수업 질문 적기(노트)
- 질문하기(Asking) : 수업 중 질문 체크(체크표)

- 이해하기(Understanding) : 수업 질문해결 체크(체크표)
- 설명하기(Answer) : 질문 답 이해하고 적용 체크(체크표)

3) 예 · 복습 시스템

- 수업 시간 전 : 교시별 예습 : 목차 유추법
- 수업 시간 : 질문 생각하며 듣기
- 복습1 : 수업 종료 2분 전, 2분 복습 벨소리 도입
- 복습2 : 쉬는 시간 및 자율학습 : 예 · 복습 체크표
- 복습3 : 자율학습 및 귀가 후 : 마인드맵핑, 선생님 놀이

4) 지식축적 관리 시스템

- 노트 인덱싱하는 법
- 개념 · 원리 노트 활용
- 과목별 학생교사 선정
- 1주일에 한 번씩 마인드맵핑

다. 생애 진로 설계 시스템 구축

1) 나 발견하기 : 모든 사람은 한 가지 이상의 재능을 가지고 있다.
   성공은 자신의 재능을 발견하고 개발하는 것!

- 직업 흥미, 직업 적성, MBTI, Holland 등 각종 검사
- 종합적 자기 이해
- 나의 미래 모습 그려보기
- 나의 진로 포트폴리오 목록 만들기

2) 세계 발견하기 : 나를 발견했다면 내가 속한 세계를 이해하고

다양한 직업세계를 탐색하는 것!

- 성공한 직업인의 특성 갖추기

- 진로 장벽 및 갈등 요인 알아보기

- 합리적인 진로 의사 결정 과정 해 보기

- 미래 사회의 변화에 따른 유망 직업 알아보기

3) 인생 설계 : 단순히 직업을 선택하는 것이 아니라 전 생애에 걸친 삶의 그림을 그리는 것!

- 나의 진로 카드 작성하기

- 나의 진로 역할 모델 찾기

- 나의 단기 진로 계획 설계하기

- 나의 생애 곡선(장기 진로 계획)그려보기

교과교육과정

가. 효율적인 교수–학습을 위한 학교 운영 시스템

- 교실수업과 연구기능을 강화하기 위한 교과 연구실 운영

- 교사의 교과 전문성 함양을 위한 행정 업무 지원

- 학생들의 진학과 진로 설계를 위한 전문 상담실 설치 운영

- 글로벌 학교의 위상에 부합하는 국제 표준의 '오량국제반' 운영

나. 학생의 능력과 특기에 맞는 학력신장 프로그램

- '학습 플래닝' – 자기주도학습 능력 강화

- '선진형 교과교실제' – 선택과목 중심 교육과정 운영
- 교육청 지정 '영재학급' – 최고 수준의 영재교육(수학, 과학, 발명, 인문) 기회 부여, 카이스트 과학영재교육연구원과 유기적 협력
- 'E-learning 반' – 국내 최고의 진학, 진로 프로그램 제공
- ASO(After School for Oryangin) – 방과 후 선택형 강좌 개설로 맞춤형 수업 제공
- DAPT(Daesin Academy Peer Tutoring) – 또래 협동학습을 통한 자율적 학습능력 향상

다. '학력 책임제' – 교과 선생님과 1:1 결연해 사교육 없이 공부할 수 있는 기회 제공
- 매번 모의고사를 과목별, 단원별로 취약 영역을 분석하고 누적해 체계적인 맞춤형 학습 시스템 구축
- 방과 후 수업(ASO)은 교과목 및 교사를 100% 선택제로 실시하고, 수업 전과 후의 향상도 및 만족도를 설문을 통해 확인하고 차시 수업에 이를 적용하려 개선함.
- 1학년 1학기에 개인별 적성 검사 및 진로 검사를 실시하고, 이에 맞춰서 전담 교사를 1대 1로 연결해 맞춤형 상담 및 진로를 준비할 수 있도록 함.

1) 언어(국어과, 외국어과)
   가) 국어과

- 한국어와 한국문학에 관심을 가지고 우리 문화를 사랑하는 마음
- 독서를 생활화하고 이를 기반으로 창의적인 사고와 글로벌 마인드를 강화
- 남을 배려하고, 품위 있는 언어구사 능력 배양과 창의적 논술 쓰기와 토론수업을 적극 지향

● 정규교과
- 국어, 국어생활, 문학, 작문, 독서, 화법, 문법
● ASO(After School for Oryangin)
- 고전문학 감상, 현대시 감상, 소설문학 감상, 비문학 강독, NIE활용수업, 시사토론 및 글쓰기(퍼블릭포럼디베이트), 수능 언어연구, 시창작, 인문독서 강독
● 교과관련 활동
- 동아리활동 : 신문편집반, 방송반, 시창작 동아리, 독서토론 동아리, e-NIE 동아리, 연극반
- 콘테스트 : 국어경시대회, 오량문예상(시, 수필, 소설 부문), 교내 독서토론경시대회, 교내 독서논술경시대회, 진로탐색, NIE 경진대회
- 특색수업 : 영화인물 모의법정 세우기 수업, 시사토론(디베이트) 수업, 국어과 독서인증제 활성화. 학교자체 연구교재 활용, 수행평가의 다양화, 전국 문학관 기행

나) 외국어과

- 원어민과 프리 토킹 수업을 통한 실질적인 의사소통 능력 함양
- 다양한 국제어를 배우고 문화를 이해함으로써 글로벌 시대의 필수 요소인 문화 다양성 체득
- 영어권(미국, 영국, 호주 등), 일본어권, 중국어권 등 외국의 학교들과의 결연 활동

● 정규교과

- 영어, 영어 I, 영어 II, 영어독해, 회화, 영어와 작문, 영어심화 독해, 영어심화 청취, 영미권 문화의 이해, 일본어, 중국어

● ASO(After School for Oryangin)

- 영어강독, English Debate Class, 영미문학의 이해, 중국어 능력시험 대비반(HSK 3급대비), 일본어 능력시험 대비반 (JLPT3급대비)

● 교과관련 활동

- 동아리활동 : 영자신문 편집반, 영어 토론반, 영문법 연구반, 영어회화반(테마별) 등
- 교내 콘테스트 : Speech Contest, English Debate Contest, 영어 작문 대회, 어휘 골든벨 대회, 영문법 경시 대회
- 특색수업 : Model United Nation(모의 유엔토의), 세계문화소개의 날, RGB독서(원서부분)인증제, 학교 자체개발 교재 활용, 영어청취 수준별 교육

2) 수리(수학과)

- 개방적 사고와 통합적 사고를 함양하기 위한 토론, 발표 중심 수업
- 사물을 추상적으로 분석하고 그 결과를 추상화시켜 일반화해 실생활 연계 수업
- 수학과 전용교실을 활용한 수학적 계열성, 수월성을 향상시키는 진로 탐색 수업

● 정규교과
- 고등수학, 수학 I, 수학 II, 미적분과 통계기본, 적분과 통계, 기하와 벡터, 실험수학, 고급 수학

● ASO(After School for Oryangin)
- MACC(Math Academic Competition Class-수학 경시반), MEC(Math Essay Class-수리논술 탐구반), MLEC(Math Learning Enhancement Class-수학 실력 향상반), 수능 수학 연구반 운영

● 교과관련 활동
- 수학 동아리 활성화(교과목 보조교제 직접제작, 과제 연구팀 선발, 대학교와 MOU 체결, 대학교 연구 및 Open Project에 참여)
- MCC(Math Curriculum Council-수학 교육과정 협의회) 운영
- 콘테스트 : MAC(Math Academic Competition-교내 수학경시대회), MEAC(Math Essay Academic Competition-교내 수학논술경시대회), 교내 수학독서경시대회 등 연 2회 이상 실

시, 수학 연구 소논문 경시대회, 국제학술대회

- 특색수업 : 학교 신문에 수학 관련학과 소개 및 선배들의 수학 이야기 연재, 수학 관련 독서토론 실시, MFAS(Math False Answer System-수학 오답 관리시스템)

3) 사회(사회과)

- 글로벌 리더의 핵심 요소인 개방적 사고를 함양하기 위한 토론, 발표 중심 학습
- 분석적, 비판적, 대안적, 창의적 사고력 향상을 위한 과제 연구 중심 학습
- 사회과 전용교실을 활용한 사회, 역사, 지리, 논리의 과목별 심화 학습

● 정규교과

- 사회, 한국사, 동아시아사, 세계사, 한국지리, 세계지리, 법과 정치, 사회 문화, 경제, 논리

● ASO(After School for Oryangin)

- 철학의 세계, 역사 파노라마, 청소년 경제교실, 법과 정치의 이해, 지구촌 이야기, 한국사능력검정 시험대비반, 시사(NIE) 토론반, 논구술 대비반

● 교과관련 활동

- 동아리활동 : 오늬보늬(오량독서토론회), 솔로몬의 지혜(법 동아리), 지리지오(지리 동아리), Blue Chip(주식·금융 동아리),

향토문화 탐구반, 발자국(역사 동아리),시사토론반

- 콘테스트 : Debate(토론경시대회), 교내 독서논술경시대회, 교내 한국사경시대회, 교내 지리올림피아드대회, 생활법 경시대회, 금융백일장경시대회
- 특색수업 : 시사 문제와 연계된 모둠 토론 발표수업, 사회 이슈를 자신의 진로와 연관시켜 연구 보고서 작성

4) 과학(과학과)

- 심화 이론 학습을 위한 전문교육 과정 수업
- 과목별 실험, 토론, 발표 중심 수업과 문제 발견 · 해결 중심의 서술형 평가 확대
- 과목 특색과 연계된 진로 확대

● 정규교과

- 교과선택제 시행 : 물리1, 화학1, 생명과학1, 지구과학1 및 물리2, 화학2, 생명과학2, 지구과학2
- 심화교과반 운영 : 심화물리, 심화화학, 심화생명과학, 심화지구과학

● ASO(After School for Oryangin)

- Happy 탐구실험반, 교양과학반, 기초과학 탐구반, 과학 논술반, 심화 과학탐구반(이론 및 실험), 과학올림피아드 준비반

● 교과관련 활동

- 교내 콘테스트 : 학년별 교내 과학 경시대회, R&E경진대회,

동아리활동 발표 대회, 과학도서 탐구 골든벨

- 동아리활동 : Alchemist, 지구환경과학반, Bio-Academy, Physical-Art, 과학 논문 탐구반, 시사과학탐구반, 교외 대회 준비반
- 특색수업 : 자기주도 탐구실험 수업, Group-Mentoring 수업, 과학진로탐색의 날 운영, 연구단지 연계 체험활동 수업, 실험결과 보고서 포트폴리오 제작, 연구포스터 발표의 날.

5) 문화(체육, 예술, 진로, 교양)

- 전인적 성장을 위해 학생들의 요구에 부응하는 다양한 예·체능 수업 및 인증제 실시
- 개인별 맞춤식 진로 지도 및 상담을 통해 자아를 발견하고 꿈을 실현할 수 있도록 지도
- 자기주도 학습으로 자신의 꿈과 목표를 실현하고 세계시민으로 성장

● 정규교과
- 체육 강좌 : 체육, 체육과 건강, 운동과 건강생활
- 예술 강좌 : 음악, 음악의 이해, 미술, 미술과 삶
- 진로 탐구 : 진로와 직업
- 교양 : 기독교와 생활

● ASO(After School for Oryangin)
- 체육 관련 : 기초 체력단련, 운동 기능향상, 입시체육, 배구, 사격

- 미술 관련 : 드로잉, 디자인, 만화창작, 유화, 캐리커처
- 음악 관련 : 관악(트럼펫, 트럼본, 유포늄, 튜바, 클라리넷, 플루트, 오보에, 바순, 색소폰, 타악기), 기타, 오카리나, 사물놀이, 대금, 단소
- 진로 관련 : 시간 관리 프로그램

● 교과관련 활동

- 가능한 종목은 협회에 정식 선수로 등록해 외부 경기에 출전
- 교내 음악회, 합창대회, 관악 연주회, 전시회, 미술대회 등 개최
- 나 발견하기, 세계 발견하기, 인생설계, 다중지능 검사, 직업가치관 흥미 적성 검사, MBTI 검사, 스트롱 검사, 에고그램 검사 등
- 연 4회 진로 관련 페스티벌(나 발견하기, 세계 발견하기, 롤모델 페스티벌, 포트폴리오 발표대회) 실시

자기주도형 일과표

일과표	시간	프로그램	비고
등교	07:50	스쿨버스	대전 6개권역 동시운행
명상시간	07:50~08:00	인성교육	신앙 및 도덕성교육
플래닝	08:00~08:20	자기주도학습	플래너 페스티벌, 꿈데이
1, 2교시 (100분)	08:30~10:10	선진형 교과교실제	다양한 교수 학습방법, 토론 수업
3, 4교시(100분)	10:20~12:00	선진형 교과교실제	팀티칭 수업
점심(90분)	12:00~13:30	산책, 운동, 휴식	오량 둘레길

5, 6교시 (100분)	13:30~15:10	선진형 교과교실제	다양한 교수 학습방법, 프로젝트 수업
7교시	15:30~16:20	동아리, 창의체험	
8교시	16:30~17:20	방과 후 활동(ASO)	교과 및 예체능
9교시	17:30~18:20	방과 후 활동(ASO)	교과 및 예체능
저녁(60분)	18:20~19:20		
자율학습	19:20~23:00	학력책임제 운영	특성화 수업, 개인별 피드백
하교	23:00	스쿨버스	

진로페스벌 세부 구성표

순서	제목	내용
오리엔테이션	대전대신고 멘토 만남	대전대신고 출신의 명문대 멘토와 친해지기
	Who R U 팀빌딩	그룹, 학급, 1학년 전체 알아가기
	다중지능 검사	타고난 재능의 상위 강점지능 찾기
	사전 검사 브리핑	진로흥미, 진로적성, 직업가치, 진로 성숙도
나를 탐험하는 셀프원정대 1부	입시전략 진로 포트폴리오	입시의 가변요소와 불변요소, 입사제
	나의 흥미와 재능 탐색	흥미와 재능의 자기탐색과 일치점 찾기
	다중지능 해석과 직업군	강점지능을 끌리는 직업과 연결시키기
나를 탐험하는 셀프원정대 2부	재능과 적성의 직업군	흥미, 재능, 성향의 적성과 직업 찾기
	직업정보 탐색과 직업카드	직업카드와 직업리포트 분석하기
	나의 직업브리핑	정보에 근거해 희망직업 프레젠테이션

꿈 찾기 뮤지컬	'드림 온' 뮤지컬 관람	선배 멘토의 자전적 뮤지컬 관람
	뮤지컬 피드백 토크쇼	진로 워크숍과 뮤지컬의 메시지 전달
꿈데이 과제	희망직업과 롤모델 조사	꿈데이를 위한 진로 추가정보 과제 확인

〈1차 진로 페스티벌〉 자기발견

순서	제목	내용
레크리에이션	무대점령 페스티벌	조별 멘토와 멘티 리듬박스 경연대회
내 인생의 미래자서전	희망직업 롤모델 지식 나눔	1회 진로 페스티벌 이후 진로정보 축적
	커리어 포트폴리오	진로의 모든 과정을 축적하는 프로세스
	내 인생의 버킷 리스트	진로과정에서 열정을 지속하는 꿈 목록
	마법의 문장	비전, 사명, 소명의 구분과 사명선언서
오량인! 인생을 디자인하다	나의 미래이력서	사실정보에 근거한 미래 계획서
	나의 인생시나리오	계획에 스토리를 입힌 시나리오 작성
	내 인생의 장기로드맵	'꿈'을 '계획'으로 바꾸는 로드맵 제작
꿈의 관문 맛보기	대학생 멘토와의 솔직토크	진로를 진학과 연결시킨 리얼 스토리
	대입 자기소개서	자기소개서의 형식과 내용 전략
꿈데이 과제	장기로드맵 완성	꿈데이, 로드맵 교실에 게시하기
	진로체험	대학탐방을 포함한 진로체험과 결과

〈2차 진로 페스티벌〉 세계발견

순서	제목	내용
방학 피드백	대학탐방 및 진로체험	방학 중에 진로관련 경험 및 결과 소개
꿈을 이룬 직업인 토크콘서트	직업인 강연	롤모델의 리얼 스토리 전체 학생 강연
	질문 토크쇼	포스트잇 질문과 인터뷰 답변
	기념 남기기	직업인과의 만남 결과 기록
꿈을 이룬 사람 선택강의 1부	롤모델 강연	롤모델의 리얼 스토리 선택 강연
	파워 인터뷰	개념 질문과 진로관련 궁금증 해소하기
	롤모델과 추억 남기기	격려의 조언 듣기, 사진 촬영
꿈을 이룬 사람 선택강의 2부	롤모델 강연	롤모델의 리얼 스토리 선택 강연
	파워 인터뷰	개념 질문과 진로관련 궁금증 해소하기
	롤모델과 추억 남기기	격려의 조언듣기, 사진촬영
커리어 포트폴리오	포트폴리오 기획서 제작	포트폴리오의 형식결정. 내용 구성
	대학목표와 학업계획서	희망 대학 프로파일과 공부 계획 수립

〈3차 진로페스벌〉 꿈과의 만남

순서	제목	내용
오프닝 공연	오량인 밴드	밴드 동아리의 축하 공연
진로 포트폴리오 가상면접	면접 리허설	조별로 2명씩 짝을 이루어 최종 리허설
	입학사정관 모의면접	1분 자기소개와 압박면접 시뮬레이션
	상호 평가 및 피드백	평가 및 상호 피드백
	최고의 면접 우승자 시상	면접 우승자 파워 인터뷰

포트폴리오 콘서트	최고의 자기소개서 발표	자기소개서 경진대회 우승자 시상, 발표	
	최고의 블로그 발표	최고의 블로그 실시간 프레젠테이션	
비전의 날 선포식	하이라이트 영상 상영	1년간의 진로 페스티벌 추억 여행	
	나에게 쓰는 편지	10년 뒤 나에게 쓰는 편지	
	타임캡슐 기념식	드림에어리어 타임캡슐 매립식	
클로징	학부모 발표	1학년 학부모의 소감문 발표	
	학생 발표	1학년 대표의 소감문 발표	

〈4차 진로 페스티벌〉 포트폴리오 콘서트

진로 학습 시스템

구분	주제	설명	결과물형태	유무
자기발견	직업흥미 검사	커리어넷 사전검사	별도 프로파일	○
	직업적성 검사	커리어넷 사전검사	별도 프로파일	○
	직업가치 검사	커리어넷 사전검사	별도 프로파일	○
	진로성숙도 검사	커리어넷 사전검사	별도 프로파일	○
	다중지능 검사	강점지능과 직업군	워크북 기록	○
	성향 검사	성격유형과 직업군	워크북 기록	○
	스트롱 검사	직업적성과 직업군	별도 프로파일	○
	직업카드	나의 희망직업 정보	카드제작	○
세계발견	버킷리스트	평생의 꿈 목록	워크북 기록	○
	사명선언서	비전과 미션 역할	워크북 기록	○
	인생 시나리오	꿈을 이루는 과정	별도 용지기록	○
	장기로드맵	꿈을 계획으로 전환	별도 용지기록	○

진로관리	자기소개서	지원동기, 환경, 경험	별도 용지기록	○
	진로체험 결과	방학 중 진로경험	사진 및 증빙	○
	목표대학 정보	대학 입시 전형	별도 출력자료	○
	롤모델 만남	인터뷰 메모와 소감	워크북 기록	○
	공부계획	전형에 따른 수준	워크북 기록	○
	진로 블로그	과정 정보 축적	온라인 자료	○

진로시스템

제목	운영원리	도구
일일플래닝 타임	매일 오전 8시~8시 20분	학습 플래너
주간피드백 타임	금요일 9교시	학습 플래너
시험 플래닝	시험 3주 전	학습 플래너
시험 피드백	시험 직후	학습 플래너
방학 플래닝	방학 1주일 전	학습 플래너
수업 전 예습	수업 전 5분	지식축적 노트, 예복습 체크표
수업 중 질문	모든 수업 중 질문타임	지식축적 노트, 몰입수업 체크표
수업 중 기록	모든 수업	지식축적 노트
수업 직후 복습	모든 수업 이후 2분	예복습 체크표

자기주도학습 시스템

장학금 제도

1) 교내 장학금

장학금 구분		선발기준	지급내역
교내 장학금	학교장 장학금(1명)	직전학기 내신 성적 또는 장학생 선발고사 우수자	1학기 수업료/회비
	사도 장학금(3명)	직전학기 내신 성적 또는 장학생 선발고사 우수자	1학기 수업료 전액
	성적우수 장학금(3명)	직전학기 내신 성적 또는 장학생 선발고사 우수자	1분기 수업료
	오량 장학금(12명)	가정형편이 어려우나 봉사정신이 투철한 자	1학기 기숙사비
	리더십 장학금(3명)	리더십과 창의성이 뛰어나고 타의 모범이 되는 자	100만 원
	법인 및 교직원자녀 장학금	법인 및 교직원 직계자녀	1학기 기숙사비/수업료 반액
법인 장학금	백암 장학금(3명)	직전학기 내신 성적 또는 장학생 선발고사 최우수자	1학기 기숙사비/수업료/회비
	글로벌 장학금(3명)	직전학기 내신 성적 또는 장학생 선발고사 우수자	1학기 수업료
	이사회 장학금(4명)	직전학기 내신 성적 우수자	1분기 수업료

2) 교외 장학금

- 동창회 장학금
- 주님의 교회 장학금

서울대_자기소개서_일반 기계항공

1. 지원 동기와 진로계획을 중심으로 서울대학교가 지원자를 선발해야 하는 이유에 대하여 기술하여 주십시오.

초등학교 때 엄마가 학교에 오시면 선생님들이 항상 '수업 할 때나 행사를 할 때나 (아드님?2) 얘던 모르던 항상 제일 먼저 손을 듭니다.'라고 말씀하셨다고 합니다. 지금 제가 제 자신을 돌아보아도 저는 항상 그랬던 것 같습니다. 새로운 것에 도전하는 것에 겁내지 않았고, 내 의견을 이야기 하는 것을 좋아했고, 무슨 일을 하던지 적극적으로 참여했습니다. 이런 성격 <u>탓</u>에 축구 선수, 요리사, 변호사 등 하고 싶은 일도 많았습니다. (하지만) 학교생활과 여러 활동을 경험하면서 제가 정말 잘 할 수 있고 하고 싶은 일은 <u>**CEO가 되는 것**</u>이라는 것을 느꼈습니다.

<u>리더로서</u> 제가 가장 중요시 여기는 자세는 솔선수범하는 것입니다. 그렇기 때문에 저는 단순히 경영을 하는 CEO가 아니라 스티븐 잡스와 같은 혁신적인 아이디어로 사업을 시작해 동료들과 함께 일하는 리더가 되고 싶었습니다. 그래서 어떤 사업을 해야 할까 고민하던 중 한 분야에 특별히 뛰어나지는 않지만 <u>다양한 분야에서 고루 뛰어난 저는</u> 제 능력을 한껏 발휘할 수 있는 융합에 관심을 갖게 되었습니다. 더 구체적인 목표를 세우기 위해 관련 전공은 무엇이 있는지 등을 조사하다가 <u>기술융합이라는 전공을 맡고 계신 교수님</u>을 알 수 있었고 이메일을 통해 교수님께 기술융합에 관해, 제 목표에 관해 여쭈어 볼 수 있었습니다. 기술융합을 위해서는 여러 기초 학문에 대한 이해가 중요하다는 교수님의 답장을 받고 역학의 기초와 응용을 가장 잘 배울 수 있는 기계항공학과를 선택하게 되었습니다.

대학 진학 후에는 3학년 때까지 기초과정에 충실하면서도 가능한 많은 분야의 공학을 경험하며 <u>미래의 제 전공</u>을 찾아가고자 합니다. 또 서울대학교의 IDIM 등의 연구소에 들어가 <u>제가 가고자 하는 길</u>을 미리 체험해 보고 전통 있는 연구소들의 노하우를 <u>배고자</u> 합니다. 그리고 더 나아가 <u>리더로서의</u> 자질을 키우기 위해 <u>레크레이션</u>, 리더쉽 강사가 되어 다른 사람들 앞에서 말하는 연습을 하고 여행을 통해 많은 사람을 만나고, 사람들이 생활하는 데 불편한 것들을 알아가며 넓은 시야를 가질 수 있도록 할 것입니다. 또 글로벌 시대인 만큼 세계로 나아가기 위해 외국어, 문화, 세계사 등을 공부 할 것입니다.

탓에 → 때문에

고루 뛰어난 → 근거? 구체적으로 어떤 분야?

~교수님 → 서울대에서 기술융합 전공을 담당하시는 교수님

기술융합, 미래의 제 전공, 제가 가고자 하는 길 → 막연한 표현, 나중에 바뀌더라도 지금은 눈에 보이는 것으로 하나쯤은 기술 융합의 예를 보여줌! 말로만 하는 두리뭉실한 계획은 누구나 할 수 있다. 눈에 보이는, 상상이 되는 계획을 세우도록.

2. 고등학교 재학 중에 **지적 호기심**을 가지고 학업능력을 향상시키기 위해 노력한 내용을 기술하여 주십시오.

선행학습을 전혀 하지 않은 제가 고등학교에 입학했을 때 친구들의 선행학습에 놀라지 않을 수 없었습니다. 하지만 자존심 강한 저는 주눅 들기보다는 학교 수업만으로도 충분히 할 수 있다는 것을 보여주고 싶었습니다. 이런 자존심에 사교육도 안하고 인터넷 강의도 듣지 않았습니다. 때론 초조하기도하고 불안하기도 했지만 순간의 실력보다는 멀리보고, 진정한 실력을 쌓기 위해 노력했습니다. 또 누구보다 학교 수업에 집중했고 하루에도 몇 번씩 교무실에가 질문하곤 했습니다. 예습과 복습으로 선행학습을 대신했습니다. 또 스스로 하는 공부이기 때문에 해이해지기 쉽고 어설픈 공부가 될 수 있기 때문에 항상 계획표를 가지고 다녔고 계획을 세우는데 많은 시간을 들였습니다.

→ 선생님들을 찾아가서

중학교 때 제가 존경하는 과학 선생님이 항상 하시던 말씀이 있습니다. "아는 만큼 보이는 거다." 이 말은 과학을 공부 할 때 가장 많이 공감이 되었고 이런 영향으로 자연계열을 선택하게 되었습니다..

과학 과목 중에서도 저는 물리가 가장 재미있었습니다. 주변 생활에서도 가장 많이 응용이 가능하고 배운 것을 관찰 할 수 있었고 또 다른 영역에서도 현상의 원리를 이해하기 위해선 물리가 기초가 되었기 때문입니다.

특히 물리 중에서도 제가 가장 좋아하는 분야는 역학입니다. 물체에 작용하는 힘을 하나하나 생각하고 논리적으로 문제를 풀어가는 과정이 재미있었기 때문입니다. 이런 호기심과 재미를 통해 내신에서 물리는 모두 1등급을 맞을 수 있었습니다.

재미 → 흥미로웠습니다.

"주변 ~ 있었습니다."
→ 물리를 소개하고 있네.
이 글은 자기소개서의 물리에 대한 너의 소견, 물리시간에 있었던 경험, 에피소드 등을 쓰도록...
누구나 쉽게해서 쓸 수 있는 자기소개서는 눈에 띄지 않아. 너만의 고민, 너만의 관심, 너만의 견해 등이 들어가야 하지.

물리에 관해 더 배우고 싶은 마음에 3학년 때는 물리2과목을 선택했습니다. 하지만 소수 선택 과목이기 때문에 학교에서 수업하지 않았고 그래서 생각해 낸 것이 동아리였습니다. 방학 동안에 물리를 좋아하는 친구들을 모아 일주일에 2번씩 모여 개념을 함께 공부하고 더 깊이 생각해 보는 시간을 가졌습니다. 문제도 같이 풀고 어려운 것을 풀면 앞에서 발표하는 식으로 친구들에게 설명하는 시간을 가졌습니다. 탈출 속도를 직접 구해보기도 하고 부력의 원리에 대해 생각해 보기도 했습니다. 또 피스톤을 잡아 당겼을 때, 내부 기체의 온도에 관해 토론 할 때는 서로의 의견을 주장하고 수정해나가며 답을 찾아나가는 과정이 정말 짜릿했습니다. 이런 활동을 통해 과학의 원리를 이해하고 연구하는 기쁨을 느낄 수 있었습니다.

물리2 → 물리Ⅱ
2번씩 → 두 번씩

서울대 추천서 _특기자

1. 지원모집단위와 관련하여 지원자가 가지고 있는 학업능력이나 특기능력, 관심, 열정 등에 대하여 기술하여 주십시오.

지원자는 생물부분에서 특별한 학업능력을 보이고 있습니다. 객관적인 평가인 교육청 주관 전국연합학력 평가에서 8등급 7월에서 1등급의 우수한 성적을 받았습니다. 성실성을 바탕으로 하는 고등학교 내신에서도 생물부분이 5 학기를 4학기에서 1등급을 받았습니다. 특히 3학년에는 교육청 주관 과학올림피아 대회가 열렸는데, 생물부분에서 등수를 수여 받았습니다.

인접학교에서는 교육청 주관 수학·과학 영재학교를 운영하는데, 지원자는 1학년때 과학영재학교 정원 20명중 1명으로 선발되어 100시간을 이수하였습니다. 과학영재학교에서 지원자는 과학에 대한 심화학습과 과학능력을 통하여 심도있는 과학 수업을 받았으며 과학영재학교 선배들과의 교류를 통하여 과학에 대한 관심을 지속적으로 유지하였다고 합니다. 특히 과학영재학교에서는 인접 대학인 카이스트와 충남대학교를 여러번 방문하여 '과학과 실생활'에 지원과 교수님들의 강의를 들었다고 합니다. 지원자는 이를 통하여 과학에 대한 깊은 관심을 갖게 되는 계기가 되었다고 합니다.

2학년때는 인접학교 연합 수리논술 동아리에서 매주 토요일마다 3시간씩 수학에 대한 토론과 능술을 관심과 열정을 가지고 참석하여 수리적인 사고를 연마하였습니다. 인접학교 수리논술 담당 선생님은 지원자가 수학에 대한 재능이 뛰어나고, 수학문제를 푸는 탁월한 능력을 가지고 있다는 말을 직접 전해왔습니다.

지원자는 수학과 과학에 대한 깊이 있는 공부를 위하여 노력해 왔을 뿐만 아니라 1학년 여름방학에는 인접 외과 대학에서 2박 3일 일정으로 실시했던 '고교생을 위한 '에 참석하여 실제로 심장 수술 장면을 보고 무섭기보다는 나도 한번 해 보았으면 하는 마음을 가졌다고 합니다. 3학년 여름방학에도 한국분자 생물·세포학회에서 주최한 '바이오 유스 캠프'에 참가하여 다양한 강의(신품목록 등)를 듣고 참가자들과 강의 주제에 대해 서로 토론하고 이해하지 못한 부분에 대해 의견을 나누면서 과학에 대한 관심을 가졌다고 합니다.

이상과같이 지원자는 수학과 과학에 대한 학업능력의 향상뿐 아니라 바쁜 가운데서도 남다른 관심과 열정을 가지고 다양한 체험을 위하여 노력해온 학생입니다.

→ 특히 3학년 때는 광역시교육청 주관 과학올림피아드 대회에서 생물부분 등수를 받았습니다.
(교육청마다 규모가 다르기 때문에 광역시라는 언급/ 매년 개최하는 대회이기 때문에……)

⇒교육청 주관 영재학교
→ 교육청 지정 영재학급 (경식 명칭)
또한 '영재학교' 표현이 너무 많이 언치기 때문에 같은 범위로 줄이는 것이 좋을 듯……

⇒'하였다고 합니다.' → 하였습니다.or 라 것으로 판단합니다. (추천서를 작성하기 위해서 뛰는게 학생를 불러다가 들어 본 듯한 느낌. 평소에 지원자를 관찰하여 판단한 것으로 표현하는 것이 좋을 듯……)

→ (재능이 뛰어나고, 탁월한 능력을 가졌다는 것보다는 구체적이고 현실적으로 표현으로 하는 것이 좋을 듯……)
인접학교 연합 수리논술 동아리에서 매주 토요일마다 3시간씩 발표와 토론식의 학습활동을 하였습니다. 수리논술 담당 선생님 말에 의하면, 다른 학교로 이동하여야하는 불편함을 무릅쓰고 단 한번도 빠짐없이 참석하여 진지하게 열심히하는 모습이 무척 예뻐 보였다고 합니다.

→ 처음에는 무서웠지만 시간이 지나면서 자신도 심수술 해봤으면 하는 생각도 가졌다고 합니다.

⇒신품목록 → 신품목록 (오타)

2. 학업능력 이외의 개인적 특성(봉사성, 잠재력, 인성관, 리더십, 공동체의식 등)을 중심으로 지원자를 이해하는 데 도움이 되는 내용이나 지원자를 추천하는 이유에 대하여 기술하여 주십시오.

지원자는 바쁜 학교생활에도 불구하고 지속적으로 정신지체장애자 및 치매환자 수용소의 요양원(복지원)에서 주기적으로 봉사활동을 실천하였습니다. 추천자도 지원자와 함께 직접 봉사활동에 참여하였습니다. 지원자는 처음에 봉사활동 시간을 채우기 위한 목적이 있었는지 적극적으로 참여하는 모습을 보이지 않았습니다. 그리고 정신지체장애우 및 치매환자이기 때문에 많은 두려움과 함께 그들에게 접근하지 못하는 것을 보았습니다. 수용소에는 1년에 몇번도 가족이 찾아오지 않는 사람들도 있었는데, 사랑이 그립고 순수한 마음을 가진 장애우들은 우리들이 가면 언제나 반갑게 우리들을 기다렸습니다. 그들을 지속적으로 만나면서 지원자는 처음과는 달리 누나란 마음으로 받도 먹여주고, 할머니를 목욕도 해 주는 남다른 열정을 보이는 것을 보았습니다. 나중에는 수용소에서 실시하는 행사에서 장애우들과 노래도 같이 부르고 춤도 추는 등 아주 가까운 모습을 보이는 것에 대해 감동을 받았습니다. 특히 장애우들 중 OOO와 맺은 인연을 소중하게 간직하고 싶다고 하였습니다. 앞으로 지원자는 대학에 입학하거나 사회인이 되어도 꾸 요양원을 방문하여 지속적으로 봉사활동을 할 것이라고 다짐하였습니다. 지원자는 관심을 가지려고 했던 분야에서 보다 깊이 알기 위하여 끊임없이 최선의 노력을 다하는 열정을 보이고 있습니다. 지원자의 별명은 '장군'입니다. 학생들과의 성적에 대한 알력, 학생회 임원 선출 과정의 알력 등 많은 어려움이 있었지만 곁에서 지켜본 추천자는 꿋꿋하게 어려움을 헤쳐가는 모습을 보았습니다. 지난 2년 7개월간 다양한 분야에서 지속적으로 보이는 노력을 곁에서 지켜본 추천자는 지원자의 능력이 시간이 지나면서 향상되는 것을 직접적으로 느꼈습니다. 아직 지원자가 많은 부분에서 부족한 점이 많지만 그동안 준비하고 노력한 과정들과 결과들을 볼 때 느리지만 어떤 난관도 헤쳐나갈 충분한 잠재력을 가지고 있다고 생각을 합니다.

지원자는 1학년때, 복지가의 도움으로 중국 역사 탐방을 다녀왔습니다. 중국에서 독립운동이 활발 진행되 때 강개토대왕릉을 비롯한 역사 유적지, 항일유적지, 북한 국경에서 북한 사람들과의 인사, 여순 감옥등을 방문하고 나서 지원자는 고구려의 찬란한 역사, 근대사의 아픔 그리고 갈

⇒ 지속적으로 + 주기적으로 (중복된 표현)
→ 매주? 매월? 쓸 일 법인지……

→ 추천자도 마음로 연장원에 의해 봉활을 했느지, 활동 초기 무렵에는 학생들이 적극적으로 참여하는 모습을 보지 못했습니다. 종종 지체장애우 또는 치매환자이기 때문에 다가가기 두려 울 거라는 생각도 했지만, '봉사시간을 채우기 위한 목적을 하는구나!'라 생각했지요.

⇒ 수용소 → 요양원을 수용소라고 표현해도 될는지……?

⇒ 사랑이 그립고 순수한 마음을 가진
→ 이렇게 단정할 근거가 없음. 과장된 표현임. 생략해도 무방할 듯.

⇒ 간직하고 → 간직하고 (오타)

→ 이 문단에서는 '지원자의 별명은 '장군'입니다.' 을 시작하는 것이 좋을 듯... 그리고, 왜 장군이라고 불리는 지 이유를 좀을 더 구체적게 언급하였으면,,,

⇒ 많은 부분에서 부족한 점이 많지만
→ 구체적으로 어떤 부분인지 한두 가지 예를 들 수 있으면 좋을 듯.

→ 무엇이 느리다는 것인지 모호함 → 발상 속도는 아니지만?

인성교육이 최우선이다!

「꿈의 교실」이라는 MBC 다큐멘터리를 보았다. 그리고 『꿈의 교실』 이라는 책을 읽었다. 전자는 외국의 어느 학교를 소개하는 다큐멘터 리이고, 후자는 자기주도학습을 학교에 적용하는 책이었다.

'진짜 이런 학교를 만들어 보면 어떨까. '대안학교'가 아니라 진짜 공 교육에서 이런 학교가 나와야 한다.'

어려움은 예상했다. 새로 학교를 설립하는 것도 아니고, 오랜 역사를 가진 학교가 뼛속까지 혁신을 하려고 하니 얼마나 아프겠는가. 그럼 에도 불구하고 시도하였다. 교장, 교감 그리고 모든 교사가 주체가 되고, 외부의 전문가가 함께 참여하여 그림을 그리고, 혁신을 진행하 였다.
그 과정에서 내가 가장 강조한 것은 바로 '인성교육'이었다. 부모들의 관심은 '성적'과 '대학입학'이었겠지만, 그 보다 더 중요하고 아름다 운 가치를 심어주고 싶었다. 흔들리지 않았다. 모든 학생들이 가치관 을 바로 세우고, 자신이 진정 좋아하는 것을 찾아서, 스스로 그 과정을 주도할 수 있도록, 내면의 힘을 심어주는 것! 그것이 전부이다.

"무릇 지킬 만한 것보다 더욱 네 마음을 지키라. 생명의 근원이 이에서 남이라."(잠언)

인성을 바로 세우고, 내면의 힘을 심어주었더니 학생들의 생각이 바로 서고, 습관이 변하였으며, 결국에는 성적이 오르게 되고, 꿈꾸는 대학에 입학하는 열매를 거두었다.
바로 이것이 답이다! 이것을 증명하기 위해 대전대신고의 학교혁명은 존재한다. 이 땅에 인성교육의 본질을 세우고, 제대로 된 '청지기적 글로벌 인재'를 키우는 것. 어쩌면 내가 평생 품고 있는 '소명'일지 모른다. 사랑하는 조국의 교육 토양을 바꾸는 소명을 다하는 그날까지, 결코 포기하지 않을 것이다.

대전대신학원 이사장   이강년